KB086098

우리
시대
고전
읽기

정승민 지음

우리
시대
고전
읽기

새로운 미래를
꿈꾸기 위한
79권의 책 이야기

나루

책머리에

오래전 어느 가을철 토요일에 대학 도서관에 갇힌 적이 있다. 오후의 햇살이 실낱같아질 때 문 닫을 시간이라는 직원의 말을 귓등으로 흘리고 무작정 숨어버렸다. 고서와 양서, 구간과 신간이 뒤섞인 책들의 행렬, 시공간을 초월해 함께 모인 종이들이 빚어내는 문자향, 그리고 비밀 아지트를 찾아든 지하혁명가처럼 나 홀로 임무를 수행하고 있다는 유치한 환상이 어우러지면서 서고 깊은 곳에 계속 머물렀다.

거기서 보았다. 이미 지상에서 사라진 저자들의 사색과 감성이 지금 이곳에서 생생하게 살아 춤추고 있다는 것을. 당시에 느꼈다. 인간은 무엇으로 살아가고 무엇을 남기는지. 삶의 유한함을 극복하기 위해 만든 것은 가족이나 사회뿐만 아니라 서책과 도서이기도 하다.

무엇보다 고전은 연약하고 부서지기 쉬운 사람이 꿈꾸는 불멸이자 재생이다. 백 년밖에 살지 못하는 육신에서 천 년을 이어가는 정신을 낳았으니 그럴 만하다. 진시황이 불사약을 구하러 서불을 보내지 말고 책으로 들어갔다면 어땠을까. 영생의 비밀은 우트나피시팀이 아니라 서사시에 있다는 것을 길가메시가 알았다면 어떤 표정을 지었을까. 지금도 마찬가지다. 안티에이징과 생명공학으로 불로장생을 추구하는 현대인은 엇길로 나아가는 것은 아닌지 모르겠다.

아무튼 육체와 정신 사이의 근원적인 불화를 안고 있는 인간에게 고전은 필멸과 불멸을 이어주는 접착제다. 도저히 억누를 수 없는 충동이다. 그러나 아무도 읽지 않으려고 한다. 살이 되고 피가 되는 부모님의 말씀을 따르지 않는 자식의 반항심과 같다고 할까. 필자도 비슷한 사정이었다. 스무 살 안팎에 느낀 "클래식^{classic}"에 대한 경외감은 이후 두려운 거리 두기로 작용했다. 읽고 싶다는 욕망과 읽기를 꺼리는 반발이 팽팽하게 씨름할 때 타협점을 찾았다.

고전이라는 낯선 대륙과 오지를 탐험하려면 지도가 필요하다. 목적지로 안내하는 지도 중의 하나가 지은이다. 책은 결국 저자라는 철언처럼 지은이의 생애와 이력은 저술에 반영될 수밖에 없다. 저자가 명확하지 않다면? 그 책의 시대적 배경이나 문화적 구조를 살펴본다. 지은이의 일화나 삽화를 통해 친근감을 쌓으면 저술을 읽고 이해하기가 한결 편하다. 낯선 이와 친교를 맺는 방법도 이와 같다. 살아온 이야기를 주고받으면서 관계가 형성되는 것이지, 처음부터 친하게 지내자고 해서 동무가 되는 것은 아니기 때문이다.

또 하나의 지도는 서평이다. 책의 내용을 요약하고 정리하면서 이런저런 연상과 단상을 늘어놓는다. 고전의 위상과 계보를 학술적 척도로 재는 것은 전문가의 몫이고 여기서 중요한 것은 권유이고 초대다. 그것을 알고 싶다, 저것을 읽고 싶다는 욕망을 불러일으키는 것은 평가가 아니라 유혹이니까 말이다. 보물섬의 윤곽을 담은 지도만 주어지면 나머지는 스스로 알아서 다 하는 법이다. 즉, 가르침이 아니라 상상력을 촉발하는 것이 서평의 역할이 아닌가 한다.

해서 이 책의 목적은 실마리다. 고전, 그리고 고전이 되고 싶은 신간의 읽기로 이어지는 중개자가 되고 싶다. 일회적인 것은 아무 것도 아니기에 Einmal ist keinmal, 사람들은 생명과 젊음에 집착한다. 그러니 우리의 삶을 읽는 그 순간이라도 잊히지 않는 시간으로 만든다면, 그것이 연속적으로 이어진다면 "짧고 추하고 짐승 같은" 생生은 고전의 품격과 위엄을 획득하지 않을까 기대하는 것이다.

늘 그렇듯이 이번에도 책 한 권이 나오기까지 많은 분들에게 신세를 지고 도움을 받았다. 코로나 사태로 다들 힘든 와중이기에 더욱 각별하고 애틋한 마음이다. 팟캐스트와 유튜브로 방송되는 도서 프로그램《일당백》의 애청자, 시청자, 그리고 함께 만드는 운영진 여러분이 책의 모태가 되어주셨다. 여기서 다루는 서평을 일차로 게재하는 마당을 마련해주신《부산일보》와『주간경향』에도 감사를 전하고 싶다. 이 책이 상찬을 받는다면 그것은 여러분의 몫이고 허물은 오롯이 필자에게 돌아올 것이다.

그리고, 마지막으로 이 말씀을 드리고 싶다.

"고맙습니다. 기운을 차립시다."

차례

2장.
역사

오래된 미래,
오지 않는
과거

Odysseia

『오디세이아』

호메로스

최고最古의 서양 고전

서양 고전의 첫 페이지는 『오디세이아』와 『일리아스』다. 트로이전쟁과 연관된 두 서사시의 "유전자"를 후세의 모든 위대한 작품들이 물려받았다고 해도 무방하다. 기원전 8세기 동시대에 나온 일리아스가 운명과 명성을 다룬 영웅담이라면 오디세이아는 모험과 복수의 귀향기다. "트로이의 목마"로 10년 전쟁의 피날레를 장식한 주인공 오디세우스는 귀로에 10년간 표류를 거듭하다 기어이 고향 땅을 밟고 적들을 일소하면서 행복을 찾는다. 파도처럼 밀려오는 고난을 뚫고 인생역전을 이루거나 이루려고 하는 모든 인간에게 이 작품은 등대 같은 존재다.

오디세이아를 움직이는 근원이자 무대는 지중해다. 생각해보면 생명은 바다에서 발원했고 지구地球는 표면의 70퍼센트가 물로 덮여 있는 "해구海球"가 아닌가. 무엇보다 그리스 사람들에게 바다는 젖줄이자 핏줄이다. 희랍의 땅은 비옥하지 않고 산악은 서로를 갈라놓았다. 주린 창자를 채우려면 바다로 나갈 수밖에 없다. 포도줏빛 에게해를 건너 트로이와 일진일퇴의 공방을 거듭한 것도 "목구멍이 포도청"이기 때문이다. 예나 지금이나 인간에게 참혹하지 않은 죽음은 없지만 굶어 죽는 일보다 더한 것은 없기에 바다의 위협도 배고픔 앞에서는 별무신통이다.

현대식 플롯에 플래시백 수법까지… 3단계 구성

모두 24권으로 짜인 장편이지만 이야기는 시간 순으로 펼쳐지지 않는다. 현재와 과거를 교차하는 플래시백 수법을 보여주고 주인공도 한참 후에 출현하는 등 플롯이 현대적(!)이다. 최고급 작품이라는 고전^{the classics}의 원뜻에 마침맞은 오디세이아는 성장, 모험, 복수의 3단계로 구성된다. 성장의 첫 단계는 감감무소식인 아버지 오디세우스의 행방을 추적하러 아들인 텔레마코스가 이타카섬을 떠나는 과정이다. 아들의 출향은 아버지의 무사 귀환을 축원하는 종교의식과도 같다. 부자^{父子}는 비슷한 존재이기에 아들이 아버지처럼 섬을 떠나 안전하게 돌아오면 아버지 또한 무사 귀환한다는 주술을 행하는 것이다. 텔레마코스는 아버지의 친구 멘토르로 변신한 아테나 여신의 조력을 받으면서 어른이 되어간다.

오디세우스의 여정으로 흔히 알려진 2단계는 진진한 모험담이다. 주인공은 뱃길에서 수많은 고장을 들러 사람의 마음을 알게 되고 숨 막히는 서스펜스를 끊임없이 경험한다. 바다를 살같이 순조롭게 지나던 함대는 9일간 풍랑을 만나면서 모험의 세계로 진입한다. 로토파고스섬에서 연꽃 열매를 먹고 기억을 잃어버리는 일에 이어 외눈박이 거인 폴리페모스의 동굴에 갇혔다가 신통방통한 꾀를 내어 목숨을 건진다.

마녀 키르케의 땅에서 부하들은 음식을 먹고 돼지가 된다. 헤르메스 신의 도움으로 마법을 무력화한 오디세우스는 고향으로 돌아갈 지혜를 얻기 위해 저승까지 방문해야 했다. 가장 아름다운 노래와 더 많은 지식을 알려주겠다며 인간을 죽음으로 유혹하는 세이렌에 맞서서 돛대에 몸을 묶은 간지^{奸智}는 자연에 대항해 자기를 보존하려는 합리적 이성의 본보기다. 모든 배와 부하를 다 잃어버리고 홀로 표류하던 오디세우스는 요정 칼립소의 섬에서 7년을 살게 된다. 불로불사를 약속하는 칼립소에게 그것은 사람의 길이 아니라고 거절하는 "순정남"의 항변을 들어보자.

"불멸의 삶은 영원히 늙지 않고 영원히 사는 것이 아닙니다. 나를 둘러싼 고향 사람들의 기억과 인정 속에서 살아가는 것만이 의미 있고 달콤합니다. 인간에게 가장 큰 불행은 집에서 멀리 떨어져 죽는 일입니다."

적폐 청산의 노하우는 힘보다 꾀

천신만고 끝에 자신의 나라로 슬프고도 초라하게 입성한 왕의 급선무는 복수다. 자리를 비운 20년 동안의 적폐를 청산하지 않고 어떻게 질서를 세우겠는가. 마지막 단계에서 오디세우스의 복수는 "차가울 때 먹어야 가장 맛있는 음식"과 같이 냉철하다. 단칼에 싹쓸이하고픈 충동을 억누르고 대머리에 거지로 변장하여 정세를 살피면서 조력자를 구한다. 구혼자 패거리를 깨끗이 정리하고 부인과 재산을 고스란히 되찾은 오디세우스는 신의 축복으로 다시 강건해지며 왕국은 질서를 회복한다.

오디세이아는 폭력과 야만을 이겨낸 인간에 대한 찬가다. 오디세우스는 승자지만 영웅은 아니다. 대결로 생사를 결정짓는 영웅의 방식과 달리 그는 꾀로 위기를 극복하는 인간의 길을 걷는다. 영웅은 불멸의 명성을 얻으려 하지만 오디세우스에게 이름은 별것 아니다. 괴물의 동굴에서 탈출하려고 자신의 이름을 우티스^{Outis}, 즉 아무도 아닌 자^{nobody}라고 속이지 않았는가. 가족과 함께하는 소박한 삶이 저승의 부귀영화보다 낫다는 그의 믿음은 영웅 아킬레우스의 입을 통해 "망자의 왕이 되기보다는 이승에서 찢어지게 가난한 농부의 종살이를 하리라."로 정당화된다.

오디세이아를 통해 영웅의 시대는 가고 인간의 시대가 왔다. 신의 저주에 맞서 슬기와 용기를 총동원하는 오디세우스의 정체는 모사꾼이 아니라 지성인이다. 위험한 고비마다 열리는 꾀주머니는 거인 폴리페모스의 완력을 감당하고 마녀 키르케의 유혹을 물리친다. 그렇게 오디세우스는 끊임없이 배우면서 자신을 확대해나갔다. 20년의 방랑과 귀향을 통해 그는 낯선 존재들을 경험하면서 자신의 정체성을 넓고 굳게 세웠다. "고난을 통해 지혜에 도달한다"는 문학의 핵심과 "학습은 진화의 열쇠"라는 생물학의 알짬은 이미 2700여 년 전 오디세이아에서 싹이 튼 셈이다.

『동물농장』

Animal Farm

조지 오웰

전체주의 야유한 풍자의 정석

정치는 생물이라는데 아무래도 식물보다 동물에 가까운 것 같다. 식물원의 평화 대신 사바나의 약육강식이 현실 정치와 들어맞는다. 특히 대화보다 대결, 타협보다 타도를 중시하는 정치 문화에서는 공익의 분칠도 지워버리고 당리당략을 노골적으로 드러내는 파워게임이 반복된다. 그래서 "동물 국회"는 유행을 타지 않는 상용어다. 어제의 여야는 오늘 뒤바뀐 처지가 되어 과거에 자신들이 비판했던 논리와 비난했던 행동을 거리낌 없이 따라 한다. 너희는 불륜이고 우리는 로맨스라는 이른바 "내로남불"식 소극이 이름만 바꿔서 연출되고 있다.

이렇게 자가당착적인 권력의 행태를 통렬히 파헤친 것이 조지 오웰의 소설 『동물농장』이다. 몰락한 집안에서 태어난 오웰은 일평생 방랑하며 밑바닥 생활을 체험하면서 이념과 현실의 양극을 두루 꿰뚫은 인물이다. 영국 노동계급의 참혹한 실태를 고발하는 사회주의 신조의 저널리스트였지만 맹목적이지는 않았다. 좌파 지식인들의 허위의식을 비판하는 등 진영을 떠나 삶과 사회의 진실을 파악하려고 애썼으며 그 결과물이 『동물농장』이다. 1917년 러시아 혁명이 내건 계급해방의 이상이 타락해가는 과정을 정치 우화의 형식으로 경쾌하게 고발하고 있다. 여덟 살 이후부터 매년 『걸리버 여행기』를 읽었다는 오웰의 해학과 통찰은 조너선 스위프트를 잇는 풍자문학의 후계자라는 평가를 받을 만하다.

역사적 인물을 동물로 형상화

『동물농장』은 제목처럼 가축이 주인공이다. "과학적 공산주의"를 창시한 마르크스를 연상시키는 늙은 돼지 메이저는 "매너농장"의 모든 동물을 모아놓고 지배자(인간)를 몰아내 평등한 세상을 만들라는 선동적인 연설을 하며 눈을 감는다. 깨어난 동물들은 때마침 농장주가 술에 취한 틈을 타 농장주를 쫓아내고 세상의 주인으로 우뚝 선다. 잃은 것은 굴레이고 얻은 것은 민주주의인 셈이다. 새로 탄생한 공화국의 이름은 동물농장Animal Farm이며 "두 발로 걷는 것은 적"이고 "모든 동물은 평등하다"는 내용을 담은 7계명을 반포한다. 인간의 착취와 억압에서 벗어난 동물들은 "나폴레옹"과 "스노볼"이라는 돼지 두 마리를 지도자로 삼는다. 이들의 가르침을 받아 7계명을 익히고 일요일마다 회의하며 노동에 대한 정당한 대가를 받는다.

하지만 언제까지나 대낮만 계속될 것 같았던 농장에도 어둠이 찾아온다. 이너서클을 구성한 혁명 동지들 사이에 다툼이 일어난 것이다. 권력욕이 강한 나폴레옹과 이데올로그 역할을 하던 스노볼이 풍차 건설을 놓고 충돌한다. 일국 사회주의를 주장한 스탈린과 영구혁명론을 제창한 트로츠키의 사회주의 노선 투쟁을 빗댄 것이다. 모략과 책동에 능한 스탈린이 이긴 것처럼, 나폴레옹도 스노볼을 숙청한다. 이제 권력자는 회의를 폐지하고 무오류성에 입각한 명령만 하달한다. 우상화에 앞장서는 측근 돼지는 나폴레옹이 내린 모든 결정을 따르지 않으면 옛 농장주가 복귀할 것이라고 협박한다.

겁에 질린 동물들은 쉬는 시간도 줄여가며 뼈 빠지게 일하지만 돼지들은 놀고먹는다. 어느 사회에나 과두제의 철칙Iron law of oligarchy이 통용되는 법이다. 소수 엘리트가 권력을 장악하고 다수 대중은 지도자를 맹신하면서 민주주의가 위협받는 현상은 동물 농장에서도 예외가 없다. 위기의 책임을 적에게 전가하고 법의 이름으로 폭력을 행사하는 독재 권력의 수법도 펼쳐진다. 강풍으로 인해 건설 중이던 풍차가 무너지고 여론이 흉흉해지자 나폴레옹은 이 모든 실패가 스노볼의 획책 때문이라면서 피의 재판정을 연출한다. 시간이 흘러도 동물들의 삶은 나아지지 않는다. 그러나 돼지들은 금지되었던 인간의 옷을 입고, 침대에서 자면서 심지어 뒷다리로만 걷는, 사실상 사람으로 탈바꿈했다. 공동체의 이상과 질서가 집약된 계율을 엘리트들이 스스로 무시하고 모른 체하는 후안무치함은 돼지에게서도 재현된다. 이웃 인간 농장주들을 초대해서 연회를 여는 것을 창밖에서 지켜보던 동물들의 시선은 "돼지로부터 인간에게, 인간으로부터 돼지에게 왔다 갔다 했지만, 돼지와 인간을 분간하는 일은 불가능했다." 모든 동물은 평등하다는 핵심 계명은 어떤 동물은 더 평등하다는 첨삭으로 사문화됐다. 결과적으로 죽은 돼지 메이저의 꿈은 지배와 복종이 기승부리는 현실에서 맥없이 스러져간 것이다.

과두제의 철칙을 극복하려면

1945년에 출간된『동물농장』의 일차 타깃은 스탈린의 공산독재다. 그러나 이 작품은 단순한 반공소설을 넘어섰기에 고전인 것이다. 모든 권력이 국민에게 있다고 아무리 헌법에 새겨놓아도 사회나 조직은 소수가 지배하는 독재적 경향을 띠곤 한다. 사회학자 로베르트 미헬스가 과두제의 철칙을 이론화한 것도 애초 이념적 목표가 뚜렷했던 정치조직이 거기에서 벗어나 오로지 권력 창출과 유지에만 급급한 현상을 설명하기 위해서였다. 모두가 평등해야 한다는 당위적 이념과 모두 위에 서고 싶다는 본능적 욕망의 괴리는 위선을 낳게 되고 그것은 또 다른 억압으로 이어진다. 그러니 선의로 포장된 길이 지옥으로 이어지지 않도록 시민 대중은 소수 엘리트의 특권적이고 이율배반적인 행태를 눈에 불을 켜고 용감하게 감시해야 한다.『동물농장』에서 돼지가 가장 먼저 누렸던 특권은 우유나 사과를 은근슬쩍 가지고 간 것이다. 다른 동물들이 처음부터 그들을 제지했다면 돼지가 독재자로 나서는 전체주의 사회는 나타나지 못했을 것이다. 결국 평등과 자유의 실현은 용기에 달려 있다.

03

Oidipous Tyrannos

『오이디푸스 왕』

소포클레스

서양 문학의 대문자

누구나 들었지만 대부분 읽지 않은 고전의 하나가 『오이디푸스 왕』이다. 일찌감치 아리스토텔레스가 비극의 최고봉으로 평가한 이래 서구에서 제기된 새로운 이론과 주의들은 고유의 등산로를 개척해야 했다. 프로이트는 "오이디푸스콤플렉스", 지라르는 "희생양", 그리고 퐁티는 어떤 경우에도 통치의 실패를 변호할 수 없는 정치의 비극을 설명하면서 등정에 성공했다. 부친 살해의 문학적 유산은 셰익스피어의 『햄릿』, 도스토옙스키의 『카라마조프가의 형제들』로 상속되었다.

기원전 5세기 그리스에서 처음 상연된 소포클레스의 「오이디푸스 왕」은 충격과 전율로 가득하다. 관객과 독자는 연민과 공포를 느끼면서 그 감정들을 배설한다. 마음을 정화하는 기능뿐만 아니라 불행에 면역력을 가지도록 "예방주사"도 놓아준다. 인간을 극한으로까지 몰아붙이는 잔인한 운명들을 간접 체험하다 보면, 현실에서 조우하는 재앙이나 고통을 견뎌내는 항체가 형성되기 때문이다. 친부 살인과 생모 혼인의 저주로 이뤄진 작품 세계는 현실의 세상 또한 진실이 승리하고 선행이 보답받는 사필귀정과 인과응보의 법칙으로 움직이지 않는다는 것을 일깨워준다.

비극과 정치에 들이닥친 사악한 힘

극은 테베의 궁전 앞에 백성들이 모여들면서 시작된다. 도시를 덮친 역병에서 벗어나게 해달라고 왕에게 탄원하는 것이다. 괴물 스

핑크스의 수수께끼를 풀어 사람들을 구한 오이디푸스의 지혜가 요구되는 위기 상황이다. 통치자는 어떤 재난과 재해도 자기 탓이 아니라고 회피할 수 없다. 그러나 아무리 현군이라도 미래를 내다보는 가시거리는 제한적이고, 안타깝게도 현실에서는 상상을 뛰어넘는 사태가 반드시 일어난다. 마블영화세계^{MCU}의 타노스가 손가락을 딱 튕기면 우주의 절반에 해당하는 생명체가 사라지듯이, 일상을 압도하는 사악한 힘들로 가득한 비극의 세계는 정치에서도 재연되는 것이다.

애초 오이디푸스는 테베의 왕자로 태어났지만, 생부를 죽이고 친모와 결혼한다는 예언 때문에 내다 버려진다. 곡절 끝에 오이디푸스는 코린토스에서 왕자로 길러졌고, 그 역시 동일한 내용의 신탁을 받고 왕국을 떠난다. 하지만 운명은 그를 친부모가 있는 방향으로 인도하고, 저주는 남김없이 실현된다. 도시의 전염병은 선왕의 살인범을 찾아내서 그를 죽이거나 추방해야만 잦아들 것이라는 것이 신의 대답이다. 오이디푸스는 범인이 자신이라는 사실은 꿈에도 생각하지 못한 채 조사를 계속한다. 때마침 코린토스 왕의 부고를 가지고 온 사자는 모친과의 상간을 두려워하는 그에게 친자가 아니니 안심하라는(!) 화근거리를 던진다. 갓난아기였던 그를 거두어 바친 당사자가 사자 자신이므로 틀릴 리가 없다. 현명한 이들은 모두 말리지만 오이디푸스는 위험한 진실에 자신을 밀어 넣는다. 마침내 테베를 더럽힌 존속살해와 근친상간의 죄인이 폭로되면서 왕비 겸 생모는 목을 매어버리고, 뒤쫓아 간 오이디푸스는 스스로 두 눈을 찌르며 추방을 자청한다.

"태어나서 안 될 사람들에게 태어나서, 어울려서 안 될 사람과 어울렸고, 죽여서는 안 될 사람을 죽인 자라는 게 드러났으니……."

극한을 추구하는 유러피언의 정신

혼절할 만큼 끔찍한 결말에도 아랑곳없이, 진상을 추적하는 오이디푸스에게는 처절한 운명마저 넘어서는 고귀한 의연함이 깃들어 있다. 오로지 이성과 논리로 부조리한 세계와 정면으로 대결한다. 그래서 삶이 산산이 조각나는 순간까지도 "저승에 가서 부모님을 볼 면목이 없어 눈을 멀게 했다"며 자기통제력의 극치를 보여준다. 프랑스 평론가 폴 발레리가 정의한 유러피언European의 정신은 최고, 최강, 최대한의 추구로 요약되는데 바로 오이디푸스가 최적의 전형이다. "듣기가 무서운 진실 앞에 섰지만 그래도 들어야만 한다"며 극한적 진실을 추구하는 이성 중심주의, 인간 중심주의의 조상이다. 어쩌면 이미 2500년 전 오이디푸스는 극단으로 치달았던 20세기 이성의 파국을 예고했는지도 모르겠다. 그리스 사람들은 인간의 오만으로 번역되는 휴브리스Hubris를 가장 경계했다고 한다. 신은 성공에 도취한 인간을 반드시 심판하는 버릇이 있고, 인간은 자연과 우연의 장난 앞에 무력한 꼭두각시에 불과할 수 있으니 말이다.

하지만 오이디푸스에게 운명은 불가피한 것이 아니었다. 얼마든지 피할 수 있었지만, 자발적으로 수락한 그는 영웅이다. 눈을 찌른 것과 추방을 결정한 것도 그 자신이다. 피범벅이 된 얼굴로 떠나가는 오이디푸스는 굴하지 않는 인간의 위대함을 드러내는 증거다. 편안한 거짓의 세계 대신 고통스러운 진실로 향하는 오이디푸스의 등 뒤로 "누구든 삶의 끝에 이르기 전에는, 삶의 고통에서 벗어나기 전에는, 사람으로 태어난 자신을 행복하다고 믿지 말라"는 코러스가 울려 퍼진다. 그렇다. 불가사의한 사건과 사고들이 천연덕스럽게 일어나는 현실은 인간의 머리로는 도무지 이해하기 어려우며 더더욱 예측과 통제는 불가능하다. 그 잘난 오이디푸스조차도 부조리에 농락당하는데 범인凡人의 삶은 오죽할 것인가. 한데 인간과 사회는 횡액과 무질서를 견디면서 존엄성을 세우고 문명을 건설해왔다. 위기가 위대함을 뽑아내는 용광로가 되기도 한다. 때문에 "고난과 시련을 통해 지혜에 도달한다"는 비극의 메시지는 가진 자에게 겸손을 가르치고, 없는 자에게 절망을 금지한다. 인간은 눈을 감는 마지막 순간에서야 살아온 모든 과거가 의미를 부여받는 자기형성적인 운명을 가졌으니 말이다.

04

The Chrysanthemum and the Sword

『국화와 칼』

루스 베네딕트

일본학의 효시, 일본문화론의 연원

이웃 나라와의 관계는 근교원공近交遠攻과 원교근공遠交近攻을 시계추처럼 왔다 갔다 한다. 힘이 셀 때는 가까우니까 먼저 침략하고 약할 때는 사이좋게 지내려는 경향이 일반적이다. 그러나 한반도에 대한 일본의 책략은 공세 일변도였다. 왜구, 임진왜란, 경술국치는 삼국시대부터 일제강점기까지를 관통하는 배은망덕의 키워드다. 특히 "아랫것"으로 폄하했던 왜인倭人을 졸지에 상전으로 모시게 됐다는 민족적 모욕감은 역사적 적대감에 가속도를 더했다. 근자에 최악이라는 한일 관계가 모두 한국 탓이라는 주한 일본대사의 인터뷰나 강제징용 판결 문제를 한국 대통령이 직접 해결하라는 일日외무상의 반민주적 주장은 말문을 잃게 만들었다. 한국을 괴상한 나라로 인식하는 일본에 "이웃 국가가 이상하게 느껴질 때 대체로 자국이 이상할 가능성이 더 높다"는 옛 체코슬로바키아 대통령 마사리크의 말을 들려주고 싶을 따름이다.

하지만 인접국은 숙명이다. 피하지도 바꾸지도 못한다. 이해가 안 될수록 지피지기知彼知己의 기본기를 다져야 한다. 먼저 일본을 읽어야 하는데, 여행기와 견문록은 사태를 이루지만 나침판이 되어 줄 학문적 저술이 드물다. 게다가 "숙적"에 대한 부정적 감정을 극복하지 못한 연구들은 새로운 발견과 이해는커녕 편견과 고정관념만 강화시킬 뿐이다.

미국 인류학자 루스 베네딕트의 『국화와 칼』은 적국 일본을 탐구하면서 저지르기 쉬운 편향들을 인간과 문화에 대한 폭넓은 관용과 지식으로 극복해낸 역작이다. 그녀의 일본 연구는 제2차 세계대전에서 미국이 승기를 잡은 1944년 하반기부터 시작됐다. 일본에 대한 정보와 지식이 부족했던 미국 정부는 문화에 기초한 일본인의 행동 패턴 보고서를 베네딕트에게 의뢰했다. 일왕의 거처를 폭격해야 하는지, "일억총옥쇄一億總玉碎"를 외치는 일본인들의 항전 의지를 약화시키려면 어떤 선전을 펼쳐야 하는지, 이도 저도 안 되면 일본 국민을 아예 멸종시켜야 하는지 참으로 꼼꼼하게 물었다. 핵폭탄을 만든 맨해튼계획의 인문사회학적 변용이랄까. 때문에 베네딕트는 "판단 여하에 따라 엄청나게 다른 결과가 빚어질 것"이라며 무거운 윤리의식을 갖고 프로젝트를 진행했다.

평범한 일상이 문화의 핵심

문제는 그녀가 일본을 직접 체험한 적이 없다는 점이다. 인류학에서 현지조사는 필수과목이다. 한데 베네딕트는 일본 땅을 단 한 번도 밟지 않았다. 치명적 단점을 보완한 것은 미국에 살던 일본인 이민자들과 외국인으로서 일본에 체류한 이들을 대상으로 조사한 대규모 면담이었다. 일본 관련 도서나 영화, 전시 홍보 영상물도 대거 수집했다. 따라서 일본이라는 특수한 대상을 인류라는 보편성의 렌즈로 관찰하고 분석하는 데 무리가 없었다. 오히려 일본인들의 평범하고 소소한 일상 속에 숨어 있는 사상과 태도의 연원을 파헤친 덕분에 『국화와 칼』은 일본 문화를 가장 잘 이해하고 일본인의 성격을 가장 잘 밝혔다는 평가를 받고 있다.

　13개 장으로 구성된 책은 우선 모순적 상대로서 일본을 규정한다. 제목부터 대척적이다. 미美와 평화를 나타내는 국화에 맞서 칼은 무武와 폭력을 상징한다. 일본인은 예의 바른 한편 제멋대로 다. 앞뒤가 안 맞고 이치에 어긋난 관습이나 행태라고 "이해 불가"의 딱지만 붙이면 인식은 제자리걸음만 할 뿐이다. 베네딕트는 국화와 칼이라는 양극이 바로 일본을 일본인의 나라답게 만든다고 감싸 안는다. 비이성적이고 반합리적으로 보이지만 그것은 다른 생활방식이기 때문이다. 민족 간의 차이를 용납해야 안전한 세계를 만들 수 있다는 학문적 신념과 관용적 태도가 보석처럼 빛난다.

『국화와 칼』이 제시하는 일본 사회 질서의 핵심은 "제자리 찾기"다. 이른바 "천황"부터 사농공상士農工商과 천민에 이르기까지 수직적인 계층 제도를 신앙처럼 고수한다. 상하 신분 구조는 섬과 같은 자족적이고 폐쇄적인 환경에서 안정과 조화를 가장 효과적으로 뒷받침한다. 때문에 사람과 사람 사이의 교류가 위계를 뒤흔들지 않도록 인간관계를 섬세하게 관리할 필요가 있다. 그래서 일본인의 "온恩"은 따뜻한 은혜나 인정이 아니라 갚아야 할 빚이다.

개인의 죄의식, 집단의 수치심

문제는 평생 노력해도 못 갚는 은혜다. 부모나 일왕에게 받은 은혜인 "기무義務"는 만분의 일도 돌려줄 수 없다. 충과 효로 대변되는 기무의 절대성은 시간이 갈수록 커져가기에 히로히토가 무조건항복을 선언해도 일억의 국민과 수백만 군대가 저항감 없이 복종한 것이다. 이렇게 사회적 압력이 강한 일본 문화에서는 개인적 행복을 추구하는 것보다 사회적 평판이 최우선이다. 양심의 소리보다 타인의 평가가 행동양식을 결정한다. 들키지만 않으면 부끄럽지 않고 고뇌할 필요가 없다. 이론적 유형화를 하자면 일본은 수치의 문화고 미국은 죄의 문화이다. 명쾌하게 구분했지만 따지고 보면 집단주의적 동양과 개인주의적 서양의 이분법을 수치심과 죄의식으로 변형 재생산한 것 아니냐는 비판도 거세다.

학술적 논쟁과 별도로 전후 일본에 이 책이 끼친 영향은 지대하다. 특히 일왕의 권위를 공격할 때 일본은 무너지지 않고 오히려 전의를 불태울 것이라는 베네딕트의 경고는 미국의 대일^{對日}정책에 큰 영향을 끼쳤다. 덧붙이자면 일본인의 심리와 일본 문화의 특성을 기술한 70여 년 전의 책에서 마치 우리의 속살을 들킨 듯한 느낌을 갖는 것은 무슨 영문일까. 싸우면서 닮아버린 것일까, 닮으니까 싸우는 것일까. 아무튼 이웃을 이해하는 길은 나를 알아가는 길이기에 참으로 지난하다.

05

Moby Dick

『모비 딕』

허먼 멜빌

소설로 쓴 "고래학" 겸 "포경술"

지구는 이름을 바꿔야 한다. 표면적의 70퍼센트가 물이니 수구水球나 해구海球가 그럴듯하다. 바다는 생명의 기원이자 문학의 출발점이다. 서양 문학의 시작인『일리아스』,『오디세이아』는 포도줏빛 지중해가 무대다. "바다를 지배하는 자가 세계를 지배한다"지만 아무리 큰 배를 만들고 항해술이 발달해도 해양은 공포다. 머리가 여섯 달린 "스킬라"와 모든 물체를 빨아들이는 "카리브디스"와 같은 괴물이 지중해에는 득실득실하다. 그런데도 인간은 경계를 넘으려고 한다. 세계의 끝에 가고 싶고, 세상의 모든 피조물을 다스리고 싶다는 욕망으로 가득하다. 특히 바다에는 지구에서 가장 큰 생명체가 있다. 고래다. 포유류이면서 바다에 사는 고래는 예로부터 불가사의한 존재다. 거대한 덩치, 무리를 짓고 소통하는 습성, 심해로의 잠수 능력 등은 신의 대리인을 연상시킨다.

시대에 충실할수록 고전이 된다

『모비 딕』은 바다와 고래가 호출하는 운명의 수수께끼에 정면 도전하는 인간의 의지와 파멸을 다룬 걸작이다. 소설이 나온 1851년의 미국은 노예제와 인종차별로 남북 분열이 악화일로였고 "명백한 운명Manifest Destiny"을 내세운 팽창주의와 제국주의가 꿈틀거리는 시기였다. 교통망의 정비로 산업화가 촉진되면서 "부익부 빈익빈"은 가속화하고 더 많은 돈을 향해 "프런티어"가 끝임없이 확장되는 와중에 작가 허먼 멜빌은 포경선에 주목했다.

일찍이 선원이었던 멜빌에게 포경선은 대양으로 끝없이 뻗어 나가는 미국의 욕망을 드러내는 대상인 동시에 자본주의적 투자의 공격성을 드러내는 상징이었다. 특히 바다는 각양각색의 운명들이 모여드는 종착지다. "넓은 세상 보고 싶어 바다로 간다"는 동요의 한 소절처럼 바다는 사실과 상상이 뒤섞이고 혼ⓗ과 돈을 분간하기 힘든 총체적 카오스(혼돈)의 공간이다. 바다와 포경선의 조합을 통해 멜빌은 가장 시대에 충실한 작품이 가장 탈ⓣ시대적인 고전이 될 수 있다는 명제를 입증한다.

『모비 딕』의 구성은 신화 구조와 흡사하다. 미지의 세계로 떠난 주인공은 모험을 겪고 다시 일상으로 돌아온다. 저 세계로 건너갔다가 이 세계로 귀환하는 영웅들처럼 작품의 화자 이스마엘은 포경선 피쿼드호를 타고 모비 딕이라는 흰 고래를 잡으러 대해로 나갔다가 혼자만 살아남는다. 그는 왜 떠나는가. "무일푼에다 이슬비 내리는 11월처럼 내 영혼이 을씨년스러워질 때면 바다에 가고 싶기" 때문이다. 미지의 세계, 즉 바다가 그를 끌어당겨서다. 크리스마스 명절에 망망대해로 나서는 그의 운명은 사막으로 추방된 성경의 "이스마엘"처럼 위기와 구원의 경로를 밟는다. 흥미롭게도 『모비 딕』의 이스마엘은 경험과 학습을 통해 변화하고 성숙한다. 애초 "식인종"이라고 두려워했던 이방인 "퀴퀘그"와 친구가 되고, 거친 바다에서 고래기름을 짜면서 고된 노동을 애정 넘치는 일로 "인식의 전환"을 이뤄낸다. "물은 건너봐야 알고 사람은 겪어봐야 안다"며 인종 전시장을 방불케 하는 배 안에서 신중하고 편견 없이 처신하는 경험주의자가 이스마엘이다.

그와 가장 대척점에 선 인물은 에이해브 선장이다. 성경의 아합 왕처럼 비극적 죽음이 예고된 이름을 가진 에이해브의 다리 한쪽은 고래 뼈로 만든 의족이다. 바다를 지배하는 선장의 명예에 먹칠을 한 모비 딕에 복수하기 위해 삼대양을 누비며 고래를 쫓는 광기와 집착이 병적이다. 고래와의 설욕전을 위해 타인의 생명과 재산까지 개의치 않는 에이해브는 "단 하나의 것만 아는" 편집광이다. 영국의 정치사상가 이사야 벌린이 제시한 고슴도치형 인간처럼 모든 것을 단일한 비전, 즉 모비 딕의 포획에만 연결 짓는 일원론자이며 반드시 해결책을 찾을 수 있다고 맹신하는 원리주의자이다.

인식의 한계 vs 무제한적 욕망

공교롭게도 세상에서 가장 오래된 논쟁거리인 경험론과 연역론이 부딪치는 무대는 바다이고 논제는 고래다. 하필이면 고래일까. 직접 포경선을 탔던 작가는 왜 이스마엘의 입을 빌려 "고래학"을 잔뜩 늘어놓을까. 그리고 방대한 지식과 견해를 나열하고도 잘 모르겠다는 결론으로 마무리할까. 그것은 자연 자체로서의 고래를 인간의 경험과 주관으로는 포착하고 파악하기 힘들다는 한계의 인정이다. 자기 다리를 앗아 간 모비 딕을 "절대악"으로 인식하고 말살하려는 에이해브의 무제한적 복수욕과 극명하게 갈라지는 지점이다. 흰 고래白鯨를 자신의 삶을 가둔 벽으로 여기고 파괴의 대상으로 몰아가는 에이해브에게는 반성과 성찰이 하나도 없다. 수많은 사람들이 투자한 포경선, 수십 명 선원의 생명과 권리가 담긴 피쿼드호는 그에게 사적 욕망을 충족하기 위한 수단일 뿐이다. 무엇보다 에이해브는 모비 딕이 불가해不可解하다는 사실을 견딜 수가 없다. 왜 고래에게 다리를 잃었는지 알 수 없다는 것이 그를 두렵게 만든다. 아는 것이 힘이고 힘이 있어야 세계와 운명을 지배할 수 있는데 무지는 그에게 복종이고 패배니까 말이다.

삶을 승부로 간주하면서 자신의 능력에 제한을 가하지 않고 모비 딕과의 공존을 거부한 에이해브는 태평양 깊은 바닷속으로 사라진다. 우정과 노동의 나날 속에서 자신의 정체성을 형성해나가던 이스마엘은 유일하게 뭍으로 귀환해서 이야기를 들려준다. 고래는 알 수 없고 인간은 더욱 알 수 없다며 모든 것에 열려 있는 이스마엘은 어느새 "흙탕물을 다 받아들이면서도 스스로 더럽혀지지 않은 바다"가 된 것이 아닐까.

『톰 소여의 모험』

The Adventures of Tom Sawyer

마크 트웨인

미국 소설의 독립선언

"고전은 모두의 격찬을 받지만 누구도 읽지 않는 책"이라는 마크 트웨인의 말은 본인에게는 무색하다. 『허클베리 핀의 모험』, 『왕자와 거지』, 『아서 왕 궁전의 코네티컷 양키』 등은 한 세기를 훌쩍 넘겨도 흥미와 매력이 여전하다. "미국 문학의 아버지"로 추앙받는 마크 트웨인의 "큰아이"는 누구일까. 미국 소설은 『톰 소여의 모험』에서 출발했다는 것이 후대 작가 헤밍웨이의 단언이다. 아메리카 대륙의 한가운데를 관통하는 미시시피강을 배경으로, 영국의 그늘에서 벗어난 이야기를 구사하면서 문학적 독립을 이루어냈기 때문이다.

　일찍 아버지를 여의고 13세부터 인쇄공으로 생활전선에 뛰어든 트웨인은 오만 가지 직업을 거치면서 국민소설가로 가는 인생수업을 받았다. 불우한 시절의 팍팍한 경험들이 작가의 자산으로 축적되는 것은 삶의 명암이 호환성을 갖고 있음을 시사한다. 어려움을 유머와 재치로 바꾸는 데 능했던 그답게 문학적 분신들도 그늘 한 점 없이 발랄하다. 사고무친四顧無親의 허크는 천하태평이다. 집도 절도 없지만 걱정이 무엇인지 모른다. 부모 잃은 소년 톰도 마찬가지다. 이모에게 혼나도 그때뿐이다. 맺힌 것이 없으니 마음에 주름 한 점 지지 않는다. 전학 온 여학생을 보자마자 지금의 여자 친구는 잊어버리는 바람둥이지만 갇힌 동굴에서 공포에 떠는 "여친"을 위해 울음과 배고픔을 참는 믿음직한 사나이다.

인류 진화의 원동력은 모험

"버디buddy 영화"의 주연들과 같이 톰과 허크는 성장통을 겪는다. 심야의 공동묘지에서 벌어진 살인, 더구나 살인자가 술로 인사불성인 사람의 손에 칼을 쥐여주는 것을 목격했다. 두 소년은 겁에 질려 야위어가다가 가출을 했다 돌아오고, 톰은 살해 사건 재판에서 진범을 밝히고 영웅으로 등극한다. 허크도 살인자가 죽은 판사의 부인에게 복수하려는 것을 알고 용기를 내서 고발한다. 학교 소풍날 동굴에서 길을 잃게 된 톰은 살인범과 맞닥뜨리는 위기에 빠지지만 무사히 벗어나고 덤으로 여자 친구의 사랑과 보물까지 얻는다. 허크 또한 보물을 나눠 갖고 판사 부인의 양자가 되는 해피엔딩이다.

따지고 보면 권선징악의 빤한 구성인데 어떻게 고전의 반열에 올랐을까. 작가 박민규에 따르면, 끊임없이 모험에 나서는 소년들을 통해 인간의 원형이 모험이라는 사실을 일깨워주기에 가능했단다. 실제 오늘의 인간을 만든 것은 호기심에 기초한 모험이다. 낯선 것, 새로운 대상을 알고 싶은 마음은 나무 위에 살던 한 무리의 유인원들을 탁 트인 사바나 초원으로 옮겨 가게 했다. 그렇게 인류는 진화했다. 위험을 무릅쓴 모험과 도전이 호모사피엔스를 만들고 문명을 빚어낸 것이다. 톰과 같은 아이들이 허크를 좋아하는 까닭도 모험가에 대한 동경에서다. 부모가 없고 학교를 안 다니고 잠도 아무 데서나 자는 허크야말로 미지의 세계로 자신을 밀어 넣는 비범한 영혼이 아닌가. 후속작 『허클베리 핀의 모험』에서 허크는 달빛 가득한 미시시피 강Moon River을 유유히 떠가는 영원한 표류자로 진일보한다.

경쟁의 귀결은 따돌림

그러나 지금 우리 아이들은 모험이라는 인간의 본성과 욕망에서 소외되어 있다. 톰이나 허크와 같은 자유로운 친구들의 무용담을 들으면서 대리 체험할 기회도 변변치 않다. 모험에 따른 리스크를 회피하고픈 부모들은 아이들을 경쟁의 링 위로 집어넣는다. 사회가 제시하는 진학과 취업의 검증된 경로에 의존하면 만사가 오케이다. 굳이 위험이 따르는 모험 따위를 할 필요는 없다. 그런데 경쟁의 속성은 상대평가다. 1점이라도 더 받고 한 등이라도 앞서면 된다. 사소한 차이가 당락을 결정하는 문화에서는 필연적으로 따돌림 현상이 일어난다. 우리와 조금이라도 다르면 받아들일 수 없기 때문이다. 영화《아메리칸 사이코》의 여피yuppie들은 최고급 레스토랑의 예약이나 세련된 명함과 같은 미미한 것까지 차이를 다투다 살인까지 저지른다. 단 한 명만 살아남는Last Man Standing 무한경쟁 사회의 필연적인 귀결이다. 본래 개인과 공동체의 생존 확률을 높이기 위한 원리들이 경쟁이나 모험이라는 것을 상기한다면 지금 우리 아이들에게 무엇이 더 적합할까.

이럴 때 『톰 소여의 모험』은 발상의 전환점이다. 어른들이 가장 꺼리는 이른바 "불가촉" 친구인 허크와 함께 공동묘지와 폐가 등을 탐험한 톰은 용기도 얻고 보물도 찾았다. 사회적 소수를 포용하는 톰은 "멀리 가려면 함께 가야 한다"는 삶의 지혜 그 자체다. 왜 우리는 아이들에게 모험을 허許하지 않을까. 산후조리원부터 대학교까지 설계된 궤도를 따라가는 것이 아니라 다양한 날것의 경험을 가져야 하지 않을까. 있는 그대로의 천하를 다니며行萬里路, 벗과 스승을 찾는交萬人友 자기 주도적 모험에 나설 때, 철부지는 어른으로 탄생할 것이다.

『이반 일리치의 죽음』

Смерть Ивана Ильича

레프 니콜라예비치 톨스토이

인류의 교사, 지혜의 농부

"여우는 많은 것을 안다. 그러나 고슴도치는 큰 것 하나를 안다."

라트비아 출신의 학자 이사야 벌린은 철학자와 문학가를 고슴도치 유형과 여우 유형으로 대별한다. 많은 것을 두루 아는 여우형은 셰익스피어, 아리스토텔레스, 괴테가 대표적이다. 플라톤, 단테, 헤겔은 단일한 이론을 파고드는 고슴도치형이다. 그런데 레프 톨스토이가 말썽이다. 인간과 사회의 거대한 주제에 천착한 전문가specialist이자 박학다식generalist의 "끝판왕"이 톨스토이다. 벌린에 따르면, 톨스토이는 자신을 고슴도치라고 생각하는 여우다. 욕망이 들끓는 존재지만 스스로를 금욕주의자로 규정했다. 본부인과 열세 명의 자녀를 낳고도 혼외자를 둘 만큼 정력과 체력이 넘쳐났다. 열네 살에 사창가를 출입했고, 군 장교 시절 1만 5000루블의 노름빚을 졌다(소위 연봉이 200루블인 시절에!).

여성과 도박, 그리고 인정받고 싶다는 허영욕으로 똘똘 뭉친 그에게 중년의 위기가 닥쳐왔다. 수천 페이지에 달하는 대작 『전쟁과 평화』를 집필하고 난 뒤 죽음에 대한 두려움이 몰려온 것이다. 어느 날 새벽 두 시, 생이 모두 무無로 끝난다는 사실을 공포와 고통 속에 깨닫고 그는 새 삶을 향한 실존적 결단을 내렸다. 50세는 톨스토이의 삶을 전기와 후기로 나누는 반환점이다. 귀족의 신분으로 막대한 재산을 누리던 대지주에서 사유재산을 공격하고 농부를 사랑하는 무정부주의자로 급선회했다. 누군가는 성경에 나오는 욥의 비유를 들기도 한다. 안일한 일상에 닥쳐온 고통 속에서 정신적으로 거듭나면서 자신과 인류의 진리를 얻는 삶의 구도자가 됐다는 지적이다.

죽음, 어떻게 사느냐의 문제

톨스토이가 집착한 죽음에 대한 생각은 뒤집어 말하면 어떻게 살 것인가의 문제다. 그는 『참회록』에서 불교의 안수정등安樹井藤 우화를 인용하면서 죽음의 확실성에 눈뜬 이상 어제와 똑같이 살아갈 수는 없다고 토로한다. 사실 그의 모든 소설은 죽음과의 대화라는 것이 노문학자 석영중의 통찰이다. 그중에서도 『이반 일리치의 죽음』은 한층 특별하다. 오랫동안 소설을 쓰지 못하고 죽음의 화두에만 몰두하던 그가 나름 해답을 제시했기 때문이다. 유복한 집안에서 태어나 판사로 잘나가던 이반 일리치가 45세에 불치병을 얻고 몇 달간 고통에 시달리다 자신의 평생을 되돌아보면서 임종의 순간 깨달음을 얻고 숨을 거둔다는 간단한 내용이다.

소설의 첫 부분은 일리치의 부고를 접한 판사들의 반응이다. 망자의 빈자리에 뒤따른 인사이동과 연봉 인상만이 관심사다. 인간 일리치에 대한 절절한 추모와 동정은 없다. 죽음은 피하고 싶은 소재이기 때문에 아예 언급조차 않는 것이 상책이다. 대체로 사람들이 채택하는 현실적인 죽음관이다. 고인이 살아 있었어도 똑같이 행동했을 것이라고 남은 사람들은 항변한다. 때문에 "이반 일리치의 삶은 대단히 단순하고 평범했고 그래서 대단히 끔찍했다." 사람이 죽었지만 중요한 것은 하루빨리 잊는 일이다. 그가 어떤 생각과 일을 했는지, 그와 얼마나 좋은 추억을 나눴는지 아무도 돌이켜보지 않는다. 죽음을 직시하지 않고 도피하면서 생기는 폐습이다.

"메멘토 모리"는 삶의 본령

하지만 죽음은 마음에 두어야 한다. 삶의 의미는 생자필멸生者必滅을 자각할 때 비로소 시작된다. 죽음에 대한 의식은 인간에게만 고유하다. 게다가 누구나 죽는다는 사실은 인간에게 절대적 평등을 보장한다. 모두가 죽었고 죽을 것이라는 사실은 타자의 고통에 공감하고 마음을 열게 해준다. 무엇보다 죽음을 의식할 때 인간은 진실한 삶을 살 수 있다. 금방 죽는다고 생각하면 오직 착한 삶에만 초점을 모으게 된다. 영원히 산다고 착각하니 비교와 경쟁, 시기와 질투에서 허우적대는 것이다.

출세 가도를 달려왔던 이반 일리치는 병석에서 좋았던 시절을 회상하지만, 술과 도박, 승진과 연봉 같은 것들이 죽음을 가린 속임수에 불과했다는 것을 깨닫는다. 몸도 괴롭지만 자신과 주변의 삶이 모두 거짓이고 사기라는 생각에 마음은 가일층 고통스럽다. 게다가 죽음을 터부시하는 사람들 탓에 진정한 소통도 할 수 없어 고독감을 견딜 수 없다. 하지만 죽음을 삶과 한 몸으로 바라보는 하인 게라심은 그를 연민하고, 어린 아들의 울음은 눈을 감으려는 그에게 오도송悟道頌처럼 닥쳐든다.

운명 직전에 지금까지 그를 사로잡았던 아집들의 껍질이 깨지면서 타인을 위하는 도덕적 각성이 일어난 것이다. 모두에게 용서를 구하고 모두를 용서하자는 내면의 선을 찾아낸 순간 일리치는 기쁨을 느끼면서 기꺼이 죽음을 받아들인다. 메멘토 모리Memento Mori(죽음을 의식하라)는 "인류의 스승" 톨스토이가 삶의 본령을 외면

하지 말라며 나태한 일상을 내려치는 죽비 소리다. 그러니 다들 착
하게 살자!

『춘향전』

春香傳

한민족의 바이블

"성 접대는 조선의 오래된 문화"라는 망언이 바다 저편에서 다시 들려온다. 굴지의 연예기획사나 아이돌 가수가 해외 투자자에게 성적 향응을 제공했다는 혐의를 받으면서다. 헛소리 가운데 특히 매춘부를 현대판 기생으로 동일시하는 것은 심각한 혐한 발언이며 역사 왜곡이다. 한양에 살던 기생, 즉 경기京妓들의 주된 역할은 궁중 잔치에 가무를 제공하는 것이었다. 잠자리 시중을 들었던 지방 관기들에게도 노골적이고 공개적인 수청은 강요할 수 없었다. 『춘향전』에서 남원부사 변학도가 파면된 것도 원칙을 무시하고 멋대로 여색을 취하려 한 탓이다. 아무리 반상班常의 구분이 뚜렷한 왕정 사회에서도 금지선을 넘어오는 순간 저항과 투쟁이 시작된다. 춘향은 투옥되고 고문을 당해도 "일편단심"이라 쓰고 "자유연애"로 읽는 근대적 가치를 지켜내면서 기생에서 정렬부인으로 수직적 신분 상승을 쟁취했다. 갖은 고난 끝에 맞이한 입신양명立身揚名의 성공담이니 당대 지배층의 성리학적 세계관과도 부합한다.

그래서 18세기 중엽 등장한 이래 신분과 지위를 막론하고 범민족적 사랑을 받아왔다. 다양한 판본이 나오고 각각의 해석이 따르고 시와 소설, 영화와 드라마, 뮤지컬과 오페라로 뻗어나가는 거대한 뿌리가 된 것이다. 이어령을 필두로 한 문화평론가들 대부분이 『춘향전』을 한국학의 바이블로 인정한 이유가 여기에 있다. 시대를 넘어 끊임없이 호명되는 "클래식"이자 한민족의 정체성을 구성하는 문화 유전자가 된 셈이다. 하지만 "일부종사"로 씌워진 당의糖衣 안에는 신분제의 모순과 이념 투쟁의 쓴 약이 들어 있다. 『춘향전』은 여성을 가두는 정조 이데올로기와 세습되는 신분의 문제점에 시종 비판적이다. 왕정에서 공화국으로 넘어왔지만 여전히 계급 장벽이 존재한다는 지금에도 작품이 호소력을 가지는 까닭이다. 특히 성을 매개로 한 "특권층"의 잇따른 추문과 범죄는 고전소설의 풍부한 현재성을 입증한다는 점에서 씁쓰레하다.

욕정으로 시작된 사랑

고전문학 연구자인 이정원 박사는 권세가 자제 이몽룡의 추잡한 배설욕에서 춘향전이 시작됐다고 본다. 그네를 뛰는 춘향의 모습에 반해 하인에게 데려오라고 지시를 내리는데 사랑보다는 욕정이 출발점이다. 사또 아들에게 퇴기의 딸은 성적 노리개에 불과하다. 그러나 성 충동을 예술로 승화시키듯이 춘향은 본능의 조련사다. 영원히 함께하자던 이 도령이 떠나고 변 사또의 호출로 신분의 한계를 절감하지만 그녀에게 과거는 욕동의 모래성이 아니라 사랑의 철옹성으로 구축된다. 대다수 사람들에게 열녀가 되겠다는 춘향의 고결한 결의는 비웃음의 대상이다. 언감생심의 헛된 꿈으로 비치기 때문이다. 맨몸뚱이 하나가 무에 그리 중요하냐는 것이다.

　한데 근대 사회는 신체의 자유가 출발점이다. 자기 몸에 대한 결정권을 가지는 것이 개인의 탄생과 인간 해방의 첫걸음 아닌가. 『춘향전의 인문학』을 쓴 김현주 교수는 수청을 거부한 그녀의 결단이야말로 신분 질서에 대한 항거이자 에로스를 멸시하는 통념에 도전한 혁명이라고 규정한다. 임란과 호란을 겪고 위기관리 능력에 바닥을 보인 집권층의 돌파구는 신분제를 강화하는 이데올로기 공세였다. 그러나 계급 차별이 야기하는 모순이 누적될수록 신분의 유동성에 대한 요구는 거세졌으니, 춘향의 몸을 둘러싼 투쟁은 권력과 민중의 역학 관계일 수밖에 없다. 도학군자를 내세운 사대부의 위선은 춘향과 몽룡의 첫날밤에서 완벽하게 뒤엎어진다. "요조숙녀 군자호구窈窕淑女 君子好逑"의 유교적 이상은 적나라하고 대담한 정사 장면의 묘사로 무력화됐다. 에로 문학을 표방했다기보다 "사농공상"과 "남존여비"에 짓눌린 인간의 본성을 재발견하면서 표현의 강도가 세진 것이다.

사회적 약자의 인간 선언

작품에서 제시되는 춘향의 족보도 파격적이다. 아버지 성 참판이 아니라 퇴기인 어머니 월매에게 방점이 찍혀 있다. 부계父系 가문주의에 대한 저항이자 양반 패권주의를 전복하는 반봉건적 의지의 발로다. 예수의 계보를 추적하면서 시아버지와 동침한 다말, 기생 출신의 라합 등을 선조로 거론한 마태복음의 파천황적 구성과 흡사하다. 가장 천하고 소외된 여인에게서 민족과 인류를 구원할 메시아가 나온 것처럼 기생의 딸이라고 차별받아서는 안 된다.

춘향의 파격적 신분 상승을 설명하기 위해 성 참판을 끌어들였지만 오히려 부모 관계의 역전을 통해 사회적 약자들의 인간 선언을 끌어낸 것이다. 이처럼 겉과 속이 다른 『춘향전』의 세목들은 당대의 모순을 드러내고 저항하기 위한 절충책이었지만 뜻하지 않게 한국인의 근대적 정체성을 형성해낸 일등공신이기도 하다. 위대한 문학은 늘 작자의 의도를 넘어 커다란 결실을 낳는다는 사실을 우리의 고전에서 확인하는 것은 참으로 유쾌하다.

09

『스타워즈로 본 세상』

The World According To Star Wars

캐스 R. 선스타인

이 영화에서 모든 것을 배웠다

무역전쟁을 부활시킨 트럼프 행정부는 "스타워즈"도 소생시킬 계획이다. 레이건 정권의 전략방위구상^{SDI}에 참여했던 인물이 국방부 차관으로 복귀했으며 백악관은 우주사령부를 창설할 예정이다. 냉전 시기 소련을 두 손 들게 만든 군비경쟁 전략의 연장인지, 우주까지 "뉴 프런티어"로 개척하려는 국가적 유전자의 발현인지는 알쏭달쏭하다. 다만 우리 시대의 신화로까지 일컬어지는 영화 제목에 포연이 휘덮이는 것은 못마땅하다.

"옛날 옛적에, 저 먼 은하계 저편에…A long time ago, in a galaxy far, far away…"라는 자막으로 시작하는 "별들의 전쟁Star Wars" 시리즈는 1977년 처음 상영됐고 2019년 아홉번째 에피소드를 선보였다. 그리스신화의 주인공처럼 영웅의 여정을 우주적 차원으로 재연한 조지 루카스의《스타워즈》는 국경과 이념을 뛰어넘는 인기와 공감을 자아냈다. 왜 이 영화가 현대의 고전으로까지 솟구쳤을까. "제다이"와 "포스"에 열광하는 법학자 캐스 R. 선스타인은 『스타워즈로 본 세상』에서 인류 역사를 통틀어 이 같은 열기는 전무후무하다고 강조한다. 구글 창에서 "스타워즈"에 필적할 검색량을 내놓는 단어는 거의 없다. 게다가 자유와 반란, 역사와 법 등 인간과 사회의 필수과목들이 여기에 들어 있다고 단언한다. 자신의 주장을 입증이라도 하듯 저자는 정신분석학과 기독교, 정치와 페미니즘 등 작품을 보는 열세 가지 방법을 제시한다.

시리즈의 주인공인 다스 베이더는 예수와 같은 인물로 설정된다. 처녀의 몸에서 아버지 없이 태어났고 아이에 대한 사랑으로 악을 죽이고 자신과 우주의 평화를 되찾는다는 점에서 신약의 내러

티브가 변용된 셈이다. 부자간 문제라는 점에서 오이디푸스의 비극은 조건반사처럼 따라붙는다. 다스 베이더로 변신하기 전의 아나킨은 모방과 경쟁의 대상으로서 아버지를 절실히 필요로 했으며 이후 살부殺父의 욕망을 행동으로 나타낸다. 모성을 연상시키는 여성(!)에게 반하고 모친의 죽음 이후 어두운 내면에 매몰되는 것도 어머니와 사랑에 빠진 아들로 해석될 수 있다. 다양한 관점들이 흥미롭지만 앞서 군사 용어로 오염된《스타워즈》가 사실은 제국의 몰락과 반란자들의 저항을 담은 반전反轉의 정치 메시지라는 대목이 눈길을 끈다. 초기 오리지널 3부작은 변방의 여간한 청년이 일종의 테러리스트로 커가는 전형적 사례연구라는 것이다. "제다이"는 과격분자들이고 "포스"는 근본주의가 되며 평범한 젊은이는 극단적 전사로 변신해서 결사항전에 앞장선다. 한 사람의 고통이 모두의 고통이라는 것을 뼈에 새긴 시골뜨기 루크는 어떠한 보통 사람도 은하계의 혁명가로 존재 이전이 가능하다는 점을 입증한다. 무엇보다 특기할 것은 민주주의의 몰락이다. 로마공화정과 프랑스혁명, 그리고 바이마르헌법이라는 민주주의가 어떻게 황제나 총통의 손아귀에 넘어갔는지가 스크린에서 재현된다. 공화국의 무의미한 옥신각신과 무능력이 독재를 불러들인다는 심장한 통찰은 은하계를 통틀어 예나 지금이나 여전히 유의미하다.

10

제롬 데이비드 샐린저

The Catcher in the Rye

『호밀밭의 파수꾼』

위험도 삶의 한 조각

이른바 "셀럽"(유명인)을 둘러싼 물의가 끝이 없다. 미투 운동에서도 그랬지만 이름값으로 돈과 몸을 탐하는 행태는 정말 가관이다. 이름은 사람을 고유한 존재로 만들어주는 좌표원점이다. 우리는 첫 만남에서 통성명으로 대화를 시작한다. 인간관계뿐만 아니라 이름을 떨치는 것에 삶의 가치를 부여하는 경우도 흔하다. 예전엔 과거나 고시가 입신양명의 전통적 수단이었다면 지금은 정치인이나 연예인처럼 수단과 방법을 가리지 않고 인지도를 높이려 애를 쓴다. 그러다 보니 빈이름만 요란을 떨다가 종국에는 관심병 환자로 전락하는 사례가 허다하다.

한데 평생 허명을 거부하고 초야에 은둔한 인기 작가가 있다. 20세기 미국을 대표하는 소설 『호밀밭의 파수꾼』을 쓴 J. D. 샐린저다. 베스트셀러 작가로서의 유명세를 거부하고 34세에 한적한 동네로 이사 간 샐린저는 91세로 숨질 때까지 팬이나 기자와의 접촉을 일절 끊었다. 그렇다고 《나는 자연인이다》처럼 홀로 외롭게 산 것은 아니고 이웃과 교류하면서 주변 학생들에게 도움도 주었다. 괴팍한 성격 때문이라기보다는 유명세를 치러야 하는 생활, 즉 타인의 시선을 의식하는 삶을 극도로 싫어했다고 한다.

이렇게 있는 그대로의 모습을 살아가려는 작가의 생각이 집약된 작품이 『호밀밭의 파수꾼』이다. 어른들의 거짓과 위선을 병적으로 싫어하는 10대 청소년 홀든 콜필드가 성적 불량으로 명문학교에서 퇴학당하고 며칠간 뉴욕에서 겪는 좌절과 방랑의 경험을 담담하게 돌이켜보는 성장소설이다. 미국의 공립학교에서 가장 많이 읽히는 책이기도 하지만 자주 금서로 지정되기도 했다. 자퇴와 출교를 반복하는 주인공의 학창 생활과 음주, 매춘, 동성애 등이 거론되기에 건전하지 않다는 이유에서다. 바로 그렇기 때문에 아이에서 어른으로 건너가는 청소년이나 과도기를 겪는 독자들에게 위안과 공감을 자아냈는지 모른다.

작중 화자인 홀든은 "피터팬"과 비슷한 캐릭터다. 허위와 가식을 "성숙"으로 포장하는 어른은 거절하고, 겉과 속이 같은 "순진한" 아이로 남으려고 한다. 호밀밭이라는 동심의 세계에서 마구 뛰어노는 아이들이 현실의 벼랑에 떨어지지 않게 지켜주는 파수꾼이 되고 싶다는 홀든의 꿈은 네버랜드의 수호자인 피터팬과 겹친다. 이런 관점에서 성장은 타락이다. 아이가 낭떠러지 아래로 추락하는 것이 성년이 되는 길이니까 말이다. 홀든의 주장은 참으로 정연하지만 아슬아슬하고 위태롭다. 인생은 어차피 죽음으로 귀결되기에 안 태어나는 것이 최선이고 그다음은 자살하는 것이라는 냉소가 깔려 있다.

그러나 호밀밭의 세계도 진공 상태가 아니다. "순수"를 상징하는 박물관이나 학교에도 심한 욕설이 쓰여 있다. 어떻게 보면 홀든은 "중2병"을 앓고 있는, 누구나 한 번은 거쳐야 할 질풍노도의 시기를 지나는 중이다. 누군가의 지속적인 관심과 사랑은 그를 변화(!)시킨다. 그래서 회전목마를 타는 여동생을 바라보면서 아이들이 떨어지지 않도록 붙잡고 싶었지만 이제 끼어들지 않기로 마음먹는다. 위험이 따르는 선택도 삶의 일부로 받아들이는 홀든은 이렇게 세상 속으로 한 걸음 들어간다.

11

『복종』

Soumission

미셸 우엘벡

신은 죽었다? No, 신이 돌아왔다!

2018년부터 파리는 "노란조끼"로 뜨거웠다. 친기업 정책을 쏟아낸 정부에 대한 불만이 유류세 인상안으로 폭발해서 프랑스판 촛불시위가 된 것이다. 지역과 계층의 양극화가 심해지면서 특유의 톨레랑스^{tolérance}(관용)가 약화되고 있다. 아랍계 문제는 대표적이다. 프랑스 인구의 10퍼센트를 차지하는 이들의 종교적 인권은 악화일로다. 공공장소에서 종교적 복장은 금지되고 해수욕장에서도 이슬람을 연상시키는 옷차림은 퇴출이다. 하지만 중요한 것은 인구다. 결혼과 출산에 의욕을 잃은 백인들과 달리 무슬림은 신의 뜻, 자연의 본능에 충실하다. 지금 미국의 대선 예비후보들이 토론회에서 스페인어 실력을 보이려고 안달하듯이 프랑스에서도 "알라"를 믿는 대통령이 나올 수 있지 않을까.

프랑스 작가 미셸 우엘벡의 『복종』은 2022년 무슬림 대통령이 선출되어 이슬람 공화국으로 바뀌는 프랑스를 그려낸 근미래近未來 소설이다. 책이 출간되던 2015년 1월 "샤를리 에브도 테러 사건"이 일어나서 작가의 친구가 피살됐다. 극우파 정권 탄생을 막기 위해 이슬람 정권을 탄생시킨다는 소설 내용은 2017년에 국민전선 후보 마린 르 펜이 대통령 결선 투표에 진출하면서 더욱 박진감 있게 다가왔다. 주인공 프랑수아는 문학을 전공한 교수지만 세상과 "자의 반 타의 반" 떨어져 있다. 베이비붐 세대인 부모의 부고를 들어도 가볼 엄두조차 내지 않고 상속을 받기 위해서 부득이하게 움직일 따름이다. 가족 관계는 공허하고 학문 연구는 비생산적이며 사제 관계도 성생활의 일환이다.

그런데 복잡한 정치적 역학 관계가 빚어지면서 이슬람 정권이 출범하게 된다. 일부다처제와 모든 교육자는 무슬림이어야 한다는 조치가 관철되자 프랑수아는 개종을 거절하고 강단에서 쫓겨난다. 하지만 퇴직연금이 쏠쏠하니 억울하진 않다. 의외로 프랑스는 잘 돌아간다. 노동시장에서 여성이 퇴출되는 바람에 실업률은 감소일로다. 초등교육만 의무화하고 남은 예산으로 가족수당을 대폭 올려주니 가정이 복원된다. 국가가 거대기업에 대한 지원을 중단하면서 농업이나 수공업, 자영업자에게 유리한 경제 환경이 만들어지고, 개인 기업에 기반을 둔 생산 모델이 사회적 표준으로 교체되는, 즉 "혁명"이 온 것이다. 대학 복귀를 권유하는 총장은 인간 행복의 정점은 완전무결한 복종에 있다며 개종의 이점, 무엇보다 아내를 네 명이나 둘 수 있다는 점을 들며 유혹한다. 개인의 자유를 내세우는 서구의 근대주의와 달리 이슬람은 애초 그 뜻이 "절대적 복종"이다.

무신론과 휴머니즘을 거부하고 남성 중심주의를 부활시킨 이슬람은 도덕 재무장과 가족의 부활을 내건 프랑스적 정체성과도 부합하며 고독과 고립에 지친 근대인에게 소시민적 행복을 약속한다. 종교에서 세속으로, 순종에서 해방으로 역사를 이행시킨 혁명의 프랑스에서 왜 『복종』 같은 작품이 나왔을까. 유럽연합[EU] 체제의 대주주이지만 갈수록 독일에 압도당하는 침체된 현실도, 이슬람 이민자 등 다문화 가정을 포용할 자신감 부족도 일리가 있다. 그런데 파리가 세계 문화의 수도가 된 것은 다양한 인종과 광범한 문화를 수용한 덕택이다. "너"를 받아들이는 관용은 사실 "나"를 위한 것이다.

12

『장미의 이름』

Il Nome della Rosa

움베르토 에코

맹신과 독선에 던져진 불벼락

21세기의 박스오피스는《어벤져스》나《캡틴 마블》처럼 초인과 범인이 뚜렷한 영화들의 독무대다. 올해(2019년) 칸의 황금종려상을 받은《기생충》도 지상과 지하에 선을 긋고 양극화된 가족들을 다뤘다. 선천적으로 타고난 자질이나 사회경제적 배경이 인간의 진로를 좌우하는 사회에서 민주주의는 아슬아슬하다. 성취가 아니라 세습이 고착되고 정당화되는 사회는 중세이기 때문이다. 갈수록 양극화가 극심해지는 지구촌의 현실을 반영하듯, 일련의 영화들은 신新중세를 예고하고 있다. 상기하고 싶은 것은 신분의 피라미드가 공고해지면서 정당한 대접을 받지 못한 사람들은 어떤 위험을 감수하고라도 항거에 나선다는 점이다. 암흑의 시대에서 계몽의 질서를 만들어낸 유럽의 시민혁명 시리즈가 대표적이다.

　권력의 금기에 도전하고 사회의 성역을 깨뜨리는 것은 인간의 본성에 가깝다. 소설『장미의 이름』은 교회가 신분제를 정당화하던 중세를 다룬다. 세상의 모든 지식을 다 가졌다는 기호학자 움베르토 에코가 추리소설이 뭔지를 보여주겠다고 지었는데 단숨에 20세기의 고전으로 자리 잡았다. 폐쇄적인 수도원에서 일어난 살인사건을 7일의 시간 동안 풀어나가는 과정은 긴박감이 넘치고 지식과 권력의 관계를 다루는 주제의식은 묵직하다. 수수께끼를 푸는 명탐정과 조수는 수도사 윌리엄과 제자 아드소다. 수도원은 중세 기독교의 상징물이지만 전체주의와 소비 사회의 메타포로서도 손색이 없다. 평민이나 대중이 우러러 따라야 할 권력이기 때문이다.

　내부의 성직자들도 식사와 만남, 대화와 잠자리까지 24시간 내내 규칙에 포획되어 있다. 살인극의 단서를 제공하는 수도원의 도서관 또한 지식의 생산, 유통, 금지를 결정하는 공간이다. "웃지 마라"는 명령은 기독교 담론이 만들어낸 지식으로 정당화된다. 최 연장자에다 눈까지 먼 수사 호르헤는 "맹목"의 말뜻을 그대로 보여 주는 캐릭터다. 예수는 웃지 않았고 웃은 적이 없다며 웃음에 신경 을 곤두세운다. 대체로 웃는다는 행위는 인간만이 할 수 있기에 통 제와 규율로 유지되는 기존의 권력을 풍자하고 저항할 수 있는 도 구가 된다.

따라서 희극을 다뤘다고 상상되는 아리스토텔레스의 『시학』 제2권은 영원히 금서여야 한다. 그럼에도 아담의 후예가 금서를 읽 으려 한다면? 웃으려면 목숨을 내놓아야 한다! 책의 낱장 모서리마 다 독을 발라놓은 것이다. 웃음의 책을 죽음의 책으로, 코미디를 비 극으로 만들어서까지 지키려는 것은 대체 무엇이었을까. 그것은 진 리에 대한 맹신과 옳음에 대한 독선이다. 권력의 수호자들은 신앙 심과 사명감으로 충만하니 못 할 짓이 없다. 조금이라도 다르면 모 조리 이단이다. 그렇게 닫혀 있으니 살인과 마녀재판은 "두부에 못 박듯" 쉬워진다. 다양한 생각과 지식을 거부하는 반^反지성적 수도 원의 운명은 불 보듯 뻔하다. 진짜 불에 타서 잿더미로 변한다. 물론 오만과 독선의 구질서는 나 홀로 사라지지 않는다. 진실의 종이 울 리는 순간, 노수도사는 현존하던 마지막 금서와 동귀어진^{同歸於盡}의 길을 택했다. 기득권을 인정받을 수 없다면 다 함께 지옥으로 가자 는 "물귀신 작전"도 공생의 금기에 도전하는 본능적 저항심일까.

13

『그리스인 조르바』

Vios ke Politia tu Aleksi Zorba

니코스 카잔차키스

자유와 개인을 향한 오디세이

올해도 서로를 악惡으로 낙인찍으며 티격태격한 한 해였다. 포스트 트루스Post-truth(탈진실) 시대에 맞게 사실과 진실은 관심 밖이다. 각자의 입장에서 참과 거짓을 단정하기에 진상을 가리는 일은 무용할 지경이다. 좁디좁은 자기만의 우물에 갇혀 시사時事를 재단하고 인정人情을 타박한다. 이럴 때일수록 넉넉하고 활수한 성품을 가진 자유로운 사람을 만나고 싶다. 꼭 실제가 아니어도 좋다.

『그리스인 조르바』 혹은 『희랍인 조르바』는 무엇에도 구애받지 않는 자유인의 초상을 그린 작품이다. 도차陶車를 돌리는 데 거치적거린다고 손가락을 자르고 세 살배기 아들의 죽음 앞에서 춤을 추는, 오직 지금에만 집중하는 풍류남아가 조르바다. 한때 조국을 위해 총칼을 들었지만 인간은 모두 벌레에게 먹힐 불쌍한 존재라는 깨달음 속에 가족과 민족을 초월해버린, 진정한 코즈모폴리턴이다. 개인주의와 자유주의가 소설의 캐릭터로 혼연일체가 되었다고나 할까. 그래서 지배와 억압이 행해지는 세계의 어느 곳에서나 조르바는 스타였다. 한국도 권위주의 정권 시절 소개되어 인기를 얻었고 덕분에 작가인 니코스 카잔차키스의 전집이 출간되기도 했다. 앞이 꽉 막힌 참혹한 현재를 살아갈 수밖에 없는 사람들에게 바람처럼 막힘없는 조르바는 고통과 좌절을 위로하는 멘토였다. 실제로 작가 카잔차키스도 나치스 점령하의 그리스에서 50만 명이 아사한 폭압의 시절을 견디기 위해서 이 작품을 썼다고 한다.

내용도 자전적이다. 작가는 벌목 사업차 실존 인물 "조르바스"를 만났고, 소설의 내용처럼 둘이서 갈탄 채굴 사업을 벌이기도 했다. 배경이 되는 크레타섬도 작가의 고향이다. 그리스, 아니 서양 문명의 출발점인 크레타에서 펼쳐지는 "나"와 조르바의 합작 사업은 완전한 파산으로 끝난다. 그러나 모든 것이 깡그리 날아간 순간 밀려온 것은 해방감이다. 왜냐하면 인간이 최고의 위엄을 느끼는 때는 "외부적으로는 참패했으면서도 속으로는 정복자가 되었다고 생각하는 순간"이니까 말이다. 여기서 『그리스인 조르바』는 희랍 비극의 적통을 잇는다. 인간의 지혜는 고난의 경로를 거치지 않고는 도달할 수 없다는, 그래서 비극적 운명을 긍정하는 그리스 문학의 전통이 다시금 재현되는 것이다. 잉크와 종이의 감옥에 안주하여 유폐된 것도 모른 채 살아왔던 지식인은 이제 사랑과 이별과 파산의 삼각파도 앞에서도 의연하다. "배가 고파도 포도주와 빵을 먹지 않고 종이에다 '포도주·빵'이라 써넣고 그 종이를 먹어왔던" 한심한 영혼은 현실을 이겨내는 진짜 사내로 재탄생한 것이다.

자유인이기에 풍진을 많이 겪은 조르바의 종말도 감동적이다. 그는 최후의 순간까지 말짱한 정신을 유지한 채 어떤 짓도 후회하지 않으며 마지막으로 친구가 철이 들기를 바란다고 했다. 그러고는 유언을 마치자마자 마지막 힘을 쥐어짜내 창문가에 선다. 창틀에 손톱을 박고 서서 웃다가 운다, 말처럼. 어디에도 매임 없이 거친 들판을 거침없이 질주하는 야생마와 같은 생(生)을 그려낸 작가의 삶은 어땠을까. 평생을 압축한 그의 묘비명은 단 세 줄이다.

"나는 아무것도 바라지 않는다. 나는 아무것도 두렵지 않다. 나는 자유다."

14

무라카미 하루키

『상실의 시대』

ノルウェイの森

가장 뜨거웠던 시간과 사랑에 작별을 고하다

제목으로 한 시절을 풍미한 책이 있다. 1989년에 번역된 『상실의 시대』다. 당시 베를린 장벽의 붕괴로 냉전은 종말을 고하고 6월항쟁이 빚어낸 "여소야대"는 공안정국의 펀치를 맞으며 3당 합당으로 와해됐다. 물질적 급성장에 반비례해서 정신적 상실감이 커져가는 시대적 분위기는 일종의 "묻지마 베스트셀러"를 만들었다. 애초 원제인 『노르웨이의 숲』이었다면? 블록버스터급 소설이 되기는 힘들었을 듯하다. 저자인 무라카미 하루키가 그려낸 1960년대는 "상실"이다. 이념 투쟁으로 과열됐던 일본의 대학생들에게 학생운동은 퇴색하고 혁명의 불꽃은 사그라졌다. 갑자기 넥타이를 매고 회사원이 되어야 했던 "투사"들은 삶의 궤도에서 이탈하지 않기 위해 젊은 날의 가치와 이상을 버려야 했다.

단언하건대 1960년대 지구는 뜨거웠다. 68학생운동, 여성해방, 흑인민권운동의 열기는 화산처럼 분출했다. 그러나 확 달아오르는 다혈질은 팍 식어버리는 무기질로 바뀌는 법이다. "잘 가라, 청춘이여." 가장 뜨거웠던 시간과 사랑을 그리워하는 것은 만국 공통의 심리이기에 일본의 애니메이션과 만화만큼이나 하루키의 작품이 세계인의 정서에 호소력을 가지는 것일까.

줄거리는 딱 네 줄이다. 고교 시절 "절친"이 자살을 한다. 죽은 친구의 "여친"과 대학에서 재회하여 연인이 된다. 이런저런 사정 끝에 연인도 목숨을 끊는다. 새로운 사람과 삶을 다시 시작하려고 한다. 어떻게 보면 민담의 구조와 흡사하다. 누군가가 사라지고 주인공은 잃어버린 사람을 찾기 위한 모험을 떠났다가 복귀한다는 도식이다. 도입부도 "잃어버린 시간을 찾아서"다. 독일에 도착한 비행기 안에서 흘러나오는 비틀즈의 노래 "노르웨이의 숲"을 들으면서 잊었던 과거로 시간이 역진한다.

어른으로 가는 입사식[initiation]은 재일학자 강상중의 비유처럼 절벽을 가로지르는 외나무다리 건너기다. 범상한 삶 한가운데 죽음의 덫이 놓여 있는 것을 문득 깨닫게 되는 것이다. 두렵다고 마냥 미성년으로 머무를 수만은 없다. 만만하게 보다가는 막막한 인생으로 전락한다. 두려움과 어지러움이 뒤따라오는 청춘의 인간관계는 그래서 삼각형이다. "외로움, 괴로움, 그리움"은 세 개의 꼭짓점이다. 지금 여기에 없는 것들이다.

상실의 키워드로 시대를 집약했다는 상찬에 맞서 비판도 거세다. 문학평론가 유종호는 『상실의 시대』야말로 감상적 허무주의를 바탕으로 한 특이한 음담패설집이며 예술이 아닌 언어 상품이라고 단정했다. 소설이 시작되는 무대인 함부르크야말로 유럽 최대의 환락가라는 지적도 "도색소설"의 혐의를 강화한다. 고전과 문학의 본령을 자칫 성적 일탈을 다룬 이 같은 작품이 오도하는 사태는 막아야겠다는 교육자로서의 고언이 와닿는다. 그럼에도 『상실의 시대』는 시장에서의 교환가치 이상으로 통과의례로서의 사용가치 또한 상당하다. 감상과 열정의 도가니에서 들끓던 20대의 나날이 순식간에 끝나고 어느새 사회의 일원으로 냉각될 때 혼란과 회의는 주기적으로 찾아온다. 그럴 때마다 "나는 지금 과연 어디에 있는 것인가."라는 중년의 주인공 와타나베의 자문[自問]이 마음에 묻은 상실감을 닦아주는 미덕을 부인할 수는 없다.

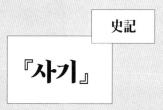

史記

『사기』

사마천

무인도에 가져갈 단 한 권의 책

좋든 싫든 사람이 성장하려면 변화가 필수적이다. 시행착오에서 지식과 지혜를 얻게 된 인간은 호모사피엔스로 탄생한다. 여기서 역사의 힘은 절대적이다. 기억과 학습을 통해 인류는 "오늘만 사는" 짐승의 생존방식을 벗어날 수 있었다. 하지만 "역사는 귀머거리여서 인간이 아무리 물어봐도 대답을 하지 않는다"고 비판한 톨스토이처럼 "역사 무용론"도 만만찮다. 과거를 기억하지 못해 끝없이 과오를 되풀이하는 모습에서 역사는 일종의 "집단 환각"이 아닌지 반문하게 된다. 무엇보다 고작 한 세대 전 "팩트"인 5·18광주민주화운동을 부정하고 일제강점기 성노예 여성에 대한 망언까지 가게 되면, 역사는 무용지물이라는 혐의까지 받는다.

그러나 역사의 역할은 이 대목부터다. 의문과 회의는 인간다운 인간을 만드는 정신의 원형질이다. 이것이 가장 풍부하고 다양하게 들어 있는 원천이 역사, 정확하게는 역사책이기 때문이다. 그 중에서도 『사기』는 단연 엄지손가락이다. 왕후장상王侯將相 같은 전통적인 정치 주체뿐 아니라, 유협遊俠과 예인, 시장 상인 등 역사의 뒤안길에 묻혀 있던 온갖 인간 군상들이 파노라마처럼 펼쳐진다. 2000여 년 전, 종이도 없던 시절에 한 개인이 국책사업 수준을 넘어서는 역사 편찬물을 남겼다는 것은 감동을 넘어 경이적이다.

현실의 패배 vs 역사의 승리

지은이 사마천은 기원전 145년경에 태어났다. 한나라 무제에게 직언을 하다 사형의 위기에 처한 그는 명예를 위해 죽음을 선택하려 했다. 그러나 역사서를 저술해달라는 아버지의 유지를 받들기 위해 생식기를 거세하는 궁형宮刑을 택했다. 옛말에 "원楚은 난리를 부르고 한恨은 문화를 낳는다"고 하는데, 사마천의 치욕과 고통은 불후의 명저로 승화됐다. 물론 "하루에도 스무 번씩 식은땀을 흘리고 창자가 아홉 번이나 뒤틀리는" 운명의 처참함과 분한 마음은 추체험하기도 쉽지 않다. 때문에 『사기』는 단순한 책이 아니다. 현실 권력에 짓밟힌 억울함과 모욕감을 역사의 법정으로 소환해 당대의 패배를 만대의 승리로 전환하는 패자부활전의 기록인 것이다.

『사기』의 구성과 편제는 혁신적이다. 본기本紀, 서書, 표表, 세가世家, 열전列傳의 다섯 부분, 130권으로 짜였다. 사마천에게 역사는 정치와 동의어로 간주된다. 정치의 구심, 권력의 본산인 제왕帝王을 다루기에 본기라고 명명한다. 역사의 바퀴축인 제왕과 연결되어 세상을 움직이는 세력들이 제후諸侯이니 세가로 설정한다. 서는 과거의 법령과 문물제도의 내력과 원리를 서술한 것이고 표는 사람과 사건들의 연관성을 파악하기 쉽게, 즉 시대 구분을 해주는 연대표다. 무엇보다 『사기』의 진가가 드러나는 부분이 열전이다. 제왕과 제후라는 상부 구조만 주목했던 기존 역사책과 달리 사상가와 "양아치"까지 끌어안고 다양한 개인들의 생생한 활동을 반영하는 한 단계 높은 역사 인식을 열어주었다. 모두 70권으로 구성된 열전의 출발은 백이伯夷 형제이고 "화식열전貨殖列傳"이 대단원이다. 왜 백이와 숙제를 가장 먼저 내세웠을까. 왕위를 서로 양보할 만큼 착한 두 형제는 고사리를 캐어 먹다 굶어죽었다. 반면 인육까지 먹는 사이코패스 도척은 천수를 다했다. 권선징악이라는 하늘의 도가 있다면 이 것은 이율배반이 아닌가. 번롱당하는 것이 운명이라면 천도가 무 슨 소용이 있겠느냐는 사마천의 한탄은 바로 그 자신에게 해당하 기에 더욱 쟁쟁하다.

역사의 주체는 하늘이 아니라 인간

요한 하위징아의 『중세의 가을』은 부조리한 현실에 처한 인간에게 세 가지 선택지를 제시한다. 세속을 떠나거나 세상을 뒤집거나 스 스로 환상을 창조하는 길이다. 터무니없는 판타지라고 비웃더라도 집념과 의지를 갖고 행동하는 인간은 무언가를 만들어낸다. 졸지 에 사회적 생명을 빼앗긴 사마천은 저술을 통해 권력에 저항하고 운명과 대결하려 했다. 백이와 숙제를 전면에 배치한 것도 역사는 천도가 아니라 인간이 만드는 것이며 불우한 삶도 미래의 이정표 로 아름답게 생환할 수 있다는 진실을 보여주기 위함이 아닐까. 실 제 사마천은 죽은 후 사성史聖으로 추앙되지만 한무제는 혼군昏君의 오명을 영원히 안게 됐다.

열전 중 "화식"은 사마천의 절묘한 균형감각을 드러내는 대목 이다. 화식은 요즘으로 치면 실업가다. 겉으론 정치와 정신이 세상 을 움직이는 듯하지만, 실제론 경제와 물질의 지배를 받는다는 사 실을 공식화한 것이 화식열전이다. 왜 사마천은 열전의 시종을 백 이와 화식으로 장식했을까. 인간은 정신과 물질 사이에서 진자운동을 하며 균형을 찾아갈 때 제대로 살아가면서 역사의 주체로 정립된다는 메시지를 던지고 싶었을까.

기실 『사기』 이전과 이후를 막론하고 역사는 대체로 권력자나 가해자의 전유물이었다. 사료를 말살하고 사실을 왜곡하는 사례는 부지기수였다. 그러나 사마천은 피해자의 입장에서 권력이 꺾어 놓은 붓을 스스로 만들면서 사람과 사건의 용광로 속에서 역사적 진실을 뽑아냈다. 더해서 지금도 읽는 이들을 즐겁게 하고 감동까지 주는 대하드라마가 『사기』다. 『조선왕조실록』과 같은 방대함, 셰익스피어의 희곡처럼 풍부한 운명들, 그리고 『성경』이나 『삼국지연의』가 빈약하게 느껴질 만큼 수많은 인물들이 등장하는 『사기』야 말로 무인도에 가지고 갈 단 한 권의 "인간 도서관"이라고 해도 지나침이 없다.

『콜디스트 윈터』

The Coldest Winter

데이비드 핼버스탬

한국전쟁에 대한 최고의 탐사보도

1945년 얄타에서 시작해서 1989년 몰타로 끝난 냉전이 아직 한반도에서는 진행형이다. 세계사적으로 이념과 체제의 대립은 종식된 지 한 세대가 지났지만, 민족사적 차원에서는 여전히 "내전" 상황이다. 남북과 북미의 정상회담은 해빙의 기대를 모았지만, 역시 제비 한두 마리가 봄을 만드는 것은 아닌 듯싶다. 계절의 봄은 어김없이 돌아오는데 역사의 봄은 왜 이렇게 더딘 것일까. 6·25가 트라우마처럼 작용한 탓이다. "끊임없이 고통을 주는 것만이 기억에 남는다"는 니체의 통찰처럼, 한국전쟁은 가장 괴로운 아픔의 뿌리다.

하지만 전쟁 당사국의 하나인 미국에서 6·25는 집단 건망증을 일으켰다. 한국전쟁 관련 서적은 베트남전쟁 서적의 5퍼센트에 불과할 만큼 망각 속에 고립됐다. 노환으로 숨진 무명 참전용사의 장례식에 시민 수천 명이 참석할 만큼 애국심을 강조하는 미국 사회와 뭔가 맞지 않는다. 이 점에 주목한 언론인이 탐사보도의 대가인 데이비드 핼버스탬이다. 그는 "버려진 고아"와 같았던 6·25를 파고들었다. 44년간의 구상과 집필 끝에 완성한 대하드라마가 『콜디스트 윈터』다. 제목처럼 1950년 말부터 1951년 초까지 겨울 동안 미군이 치른 흥남철수 등의 작전과 전투를 다룬 논픽션으로 감추어진 전쟁을 드러냈다.

무승부가 목표였던 전쟁

핼버스탬에 따르면 6·25는 지도자들의 잘못에서 시작됐다. 애치슨 미 국무장관은 한반도를 제외한 아시아 방어선, 즉 "애치슨라인"을 발표했고 이것을 한반도 무력 점령의 신호로 오인한 인물이 옛 소련의 스탈린이다. 맥아더 장군은 무조건 북진의 오판을 내렸고 트루먼 대통령은 처음부터 제한전을 주문했다.

게다가 미군은 한반도의 험준한 산악 지형과 한파라는 예상치 못한 강적을 만나 전투력을 발휘할 수 없었다. 정치적으로나 군사적으로나 이미 무승부로 결론이 난 전쟁이었다. 당시 파병된 미군들의 유행어가 "다이 포 타이Die for tie", 즉 "비기기 위해 죽어야 하나"라고 할 만큼 병사들에게 무가치한 싸움이었다. 그래서 잊는 것이 최상이기에 국가적 무의식에 억압한 것이 아닐까.

맥아더가 계속 지휘했다면 "통일 한국"은 가능했을 것이라는 역사적 가정에 핼버스탬은 찬물을 끼얹는다. 6·25는 맥아더가 망친 전쟁이다. 그로 인해 전쟁이 필요 이상으로 길어졌고, 더 많은 인명이 희생됐기 때문이다. "독불장군" 맥아더는 트루먼 대통령에게 중국의 참전은 턱없는 소리라고 호언장담했다. 순망치한脣亡齒寒으로 상징되는 한반도와 중국의 깊은 이해관계를 몰랐던 맥아더의 오산이 중국과의 확전을 가져왔다는 설명이다. 특히 맥아더를 둘러싼 "인의 장막"은 중공군이 대거 들어왔다는 정보를 차단한다. 이미 사령관이 "크리스마스는 고향에서"를 공언한 상황에서 반대되는 보고는 불충이니까. 한술 더 떠 사로잡은 중공군 포로를 만주에 거주하는 조선인으로 조작하기까지 한다.

정보와 사실 왜곡으로 빚어진 불똥은 최전선의 병사들에게 벼락으로 떨어졌다. 미 육군 2사단은 청천강 근방에서 거의 궤멸했다. 함경도로 진출한 미국 해병은 그 유명한 장진호 전투 끝에 바닷가로 퇴각한다. 당시 미군에게 추위는 적보다 더 무서웠다. 동상을 걱정한 병사들은 용변을 군복 안에서 볼 정도였다. 전세는 급변하여 1·4후퇴로 서울을 다시 빼앗겼다. 전쟁영웅 맥아더의 신화가 무너진 셈이다.

미군 역사상 기록적 패배의 장본인인 맥아더에게 워싱턴은 냉소적이었고 전쟁은 38도선으로 복귀하는 것에 초점이 맞춰졌다. 대통령과 장군의 정면충돌은 피할 수 없는 운명이었다. 해임 이후 여론은 "친親맥아더" 일색이었고 뉴욕에서 맥아더를 맞는 환영 인파는 700만이 넘었다. 그러나 상원 청문회를 거치면서 열기는 식어버리고, 공화당 대통령 후보를 꿈꿨던 맥아더는 재기 불능의 신세가 됐다. 맥아더의 과욕으로 한국전쟁을 망쳤기에 미국 입장에서는 "잊고 싶은 전쟁"이 되었다는 것이 핼버스탬의 결론이다.

6·25의 역사적 맥락 살펴봐야

과연 맥아더만의 잘못일까. 한국전쟁 연구자인 브루스 커밍스는 6·25를 특정인의 전쟁으로 단순화하는 것은 역사적 진실과 거리가 멀다고 비판한다. 즉 트루먼과 맥아더의 대립 구도를 만들어서 맥아더를 실패의 책임자로 모는 것은 드라마의 통속적 결론과 비슷하다는 것이다. 참전 병사들과의 인터뷰나 비밀 해제된 기밀문서의 발굴이 구체적인 6·25를 그려주기는 하지만, 전쟁의 역사적 맥락을 간과하는 현장의 함정에 빠질 위험 또한 보여준다.

　무엇보다 핼버스탬은 전쟁의 모든 것을 사람에게서만 찾는다. 애치슨의 잘못된 정책이 전쟁의 원인이고, 맥아더의 오판이 잊힌 전쟁으로 귀결됐다는 식이다. 전쟁을 치른 당사자들의 경험과 비화가 흥미진진하지만, 역사가에게 감명을 주지 못한다는 것이 커밍스의 지적이다. 하긴 200여 년 전에 일어난 프랑스혁명을 가장 잘 아는 사람들은 당대의 혁명가들보다 오히려 멀리 떨어진 후세의 연구자들이 아니겠는가.

　현장의 팩트에 매몰됐다는 한계에도 불구하고 『콜디스트 윈터』는 오늘날 한반도의 현실이 당연한 것이 아니며 필연적 경로는 없다는 것을 우리에게 일깨워준다. 특히나 멍청한 관료와 군인, 정치인들이 펼치는 미국판 "바보들의 대행진"은 오늘날의 정책 결정자와 시민에게도 타산지석이다. 아직껏 70여 년에 걸친 가장 추운 겨울이 끝나지 않았지만, 이 책을 읽으면서 역설적으로 가장 따뜻한 한반도의 봄을 상상해본다.

03

『두 개의 한국』

The Two Koreas

돈 오버도퍼,
로버트 칼린

한반도 현대사에 관한 최고급 브리핑

한풀 꺾였지만, 여전히 제3차 세계대전을 발화할 만한 단골 후보가 한반도다. 지난 100여 년간 열전과 냉전이 끊이지 않았고 현재도 북핵北核 위기 국면이다. 외세의 침략이나 동족상잔과 같은 비극적 사건들만 주목하다 보면 민족의 운명을 한탄하기 십상이다. 프랑스 사학자 페르낭 브로델은 역사를 바다에 비유하면서 파도와 같은 사건들 밑을 흘러가는 해류나 심층수, 즉 흐름이나 구조를 살필 것을 권한다. 생각해보면 한반도는 미국, 중국, 일본, 러시아의 이해와 득실이 직접 교차하는 지구상의 유일한 지역이다. 거기에 남북한이 각각 주도권을 쥐려 하니 수많은 드라마가 일어나는 것은 당연하다. 파란만장한 한민족의 수난사는 그 근저를 이루는 역사적 흐름이나 구조를 파악할 때 객관적 인식과 해결의 실마리가 보일 듯싶다.

『두 개의 한국』은 비화와 비밀로 점철된 한국 현대사에 대한 백그라운드 브리핑background briefing(배경 설명)이다. 원저자는 미국 언론인 돈 오버도퍼인데, 개정판을 내면서 CIA의 북한 문제 담당자였던 로버트 칼린도 함께 썼다. 6. 25에 미군 장교로 참전한 오버도퍼는 이승만을 제외한 한국의 모든 대통령을 만났고, 평양도 여러 번 방문해서 고위관리들과 대화한 드문 "북한통"이다. 제3자의 시각에서 바라본 한반도의 전쟁과 평화는 국제정치적 상위 구조 속에서 남북한의 현 주소와 나아갈 방향을 폭넓게 일러준다. 분단과 반목을 다룬 여타 저술들과 달리『두 개의 한국』은 1970년대부터 본격화된 "협상"에 초점을 맞추고 있다.

핑퐁외교가 낳은 7.4공동성명

북한의 남침으로 한민족의 동질감과 통일성은 일시에 무너졌다. 1950년대와 1960년대는 무장공비와 북파부대가 맞서는 일촉즉발의 시대였다. 콘크리트 질서에 금을 낸 것은 미국과 중국의 핑퐁외교였다. 어제의 적이 친구로 급변하는 상황에 위기의식을 느낀 남북한은 대화에 나서면서 7.4남북공동성명을 낳았다. 미국의 독립기념일을 택일하고 발표 직후 주한미군 철수를 요구한 북측은 평화공세로 박정희 정부를 굴복시킨다는 속셈이었다. 남측 또한 남북대화는 상대의 공격 여부를 예측하는 바로미터가 될 수 있기에 득이라는 계산이 섰다. 얼마 안 가 미군 철수가 불가능하고 남측의 발전상을 목격하는 것이 불편했던 평양에서는 김대중 납치사건을 빌미로 테이블을 뒤엎으려고 했다.

　반전은 박정희 정부의 고군분투다. 애초 "학업"에 뜻이 약했던 남측에서 어떻게든 남북관계를 유지하려고 노력해서 1975년 봄까지 대화의 가냘픈 끈은 이어진다. 남북통일을 앞두고 국민의 일치단결이 필요하다는 논리로 국회를 해산하고 유신체제를 강행한 것이 박정희 정권이다. 관계가 단절되면 유신의 정당성이 부정되니까 기대도 희망도 없지만 회담을 계속해야 했던 것이다.

　북한의 핵도 한반도만의 "사건"이 아니다. 북핵은 한국과 일본을 자극하고 나아가 중동 지역까지 확산되어 국제 질서와 인류 문명을 뒤흔드는 "흐름"을 일으키기 때문이다. 1970년대 후반 김일성의 지시로 본격화된 핵개발은 10여 년 뒤 국제적 이슈로 부상한다.

당시 한국의 자체 핵개발이나 선제공격을 막기 위해 미국은 책임지고 저지할 것을 장담했지만 사실상 북핵 문제를 기피해왔다. 위험 부담이 크기에 미국의 역대 대통령들은 계속 "폭탄 돌리기"를 해온 것이다. 근자에 한반도 비핵화가 강조되고 있지만 이미 남측 대통령은 1991년 12월에 핵무기가 없다고 발표했다. 당시 한반도에 해빙 분위기가 조성됐지만 각국 내부자들의 방해와 제동으로 위기는 더 크게 돌아왔다. 문제는 전쟁이 해법이 될 수 없다는 점이다. 제2의 6.25에 가장 근접했다는 1994년 5월 미군의 모든 4성 장군들이 모여 논의한 한국전 계획에 따르면, 개전 이후 90일간 미군 5만 2000명, 한국군 49만 명의 사상자가 예상된다고 했다. 당사국들이 다시 외교적 해결로 방향을 전환하지만 협상은 교착 상태에 빠지고 가열되는 상호 비난으로 점차 전운이 고조된다. 우여곡절을 거치며 "제네바 합의"로 미봉됐지만 2002년 재개된 북핵 위기는 현재도 진행형이다.

북한은 실패한 국가인가?

그런데 과연 북한은 파탄국가인가. 평생 한반도를 취재해온 오버도퍼는 북한을 민생 정책에서는 통탄할 만하지만 실패한 국가는 아니라고 본다. 핵과 탄도미사일 같은 야심 찬 국가 과제를 수행한 것도 국가적 기능이 작동된 증거이다. 그럼에도 전쟁 당사자였던 한국과 미국은 북한을 나라다운 나라로 대접하려 하지 않는다. 게다가 세계패권을 놓고 격화되는 미중의 갈등은 한반도에 부담을 가중시키고 있다. 여기에 일본, 러시아까지 엉키고 섞이면서 만들어진 "고르디우스의 매듭"은 알렉산더가 다시 와도 잘라낼 수 없을 듯하다.

돌이켜보자. 6.25의 포성이 터진 이후 오늘까지 단 하루라도 편안한 날이 있었을까. 위기가 일상화되다 보니 북핵 실험조차 없었던 예전에는 증시가 25퍼센트나 폭락하고 사재기가 일어났지만 지금은 내성인지 성숙인지 아무튼 차분하다. 무엇보다 오버도퍼의 지적처럼 외세의 영향력은 우리가 생각하는 것보다 많이 감소했다. "한반도는 세계에서 전략적으로 가장 중요하고 역동적인 지역"이라는 평가를 믿는다면 남북한이 좀 더 자신감을 갖고 능동적이고 끈질기게 움직여서 "두 개의 한국"을 깨뜨릴 국면을 맞아야 한다. 한반도 분단과 대립의 흐름이 구조화된다면 남북한은 물론 동북아시아와 세계 전체에도 비극이다. 대치 상황을 가능한 한 빨리 해소하라! 그것은 민족의 선의지이자 역사의 정언명령이다.

『오리엔탈리즘』

Orientalism

에드워드 W. 사이드

서양 중심주의에 쏘아 올린 조명탄

일제강점기가 한민족의 근대화를 가져왔다는 주장을 담은『반일종족주의』가 논란이다. 위안부의 성노예화, 강제징용의 역사적 "팩트"조차도 얼마든지 조롱이 가능하다는 사실을 알게 되어 안타깝고 부끄럽다. 역사학자 임지현은 식민지 근대화론의 문제점이 서구의 역사를 기준으로 삼는 오리엔탈리즘에서 나왔다고 진단한다. 제국주의 침략이 부도덕하지만 사회경제사적 진보를 가져온다는 서구의 역사관을 받아들이면, 일제의 조선 강점도 자본주의로 나아가는 역사적 전진이며 이 과정에서 일어난 반反문명적, 반反인권적 사안들은 부수적이다. 물질적 발전을 이룩한 제국이 열등한 식민지를 지배한 것은 기본적으로 "진보와 시혜"이기 때문이다. 유럽 역사를 기준으로 삼는 오리엔탈리즘적 시각과 논리에 집착한 식민지 근대화론은 결과적으로(!) 친일의 집결지이자 양산처가 되고 있다.

출간 직후 미국 대학 학과명 바꿔

이념보다 동서양의 구분이 인간과 사회에 대한 우열과 차별을 정당화하고 지금도 계속되고 있다면 무엇보다 그 현상과 실체를 규명하는 작업이 필수적이다. 그 첫번째 봉화에 해당하는 책이 팔레스타인 출신의 에드워드 사이드가 쓴『오리엔탈리즘』이다. 흔히 동양주의, 동양 연구로 번역되는 "오리엔탈리즘"은 서양이 동양을 침략하면서 조작操作한 모든 편견과 관념 등이 체계화되면서 만들어진 지식과 허구라는 것이 저자가 채택한 정의다. 1978년에 출간되자마자 동서양을 바라보는 인식과 시각에 파문을 일으켰으며, 실제 미국 대학들은 오리엔탈 연구학과라는 명칭을 동아시아학과, 중동학과 등으로 부랴부랴 바꾸었다.

저자 에드워드 사이드는 1935년 예루살렘에서 태어났지만 이스라엘 건국 후 집을 빼앗기고 이집트로 쫓겨났다가 미국 대학에서 공부하고 일하다 죽었다. 아랍-이스라엘 전쟁 때마다 미국에서 겪었던 비참한 상황은 그를 지식과 권력의 관계에 관한 근본적인 사색과 탐구로 이끌었고 『오리엔탈리즘』으로 결실을 맺었다.

책의 첫머리엔 "좌우"를 대표하는 두 위인의 글귀가 배치됐는데 동양에 대해서는 양자의 의견이 일치한다. 카를 마르크스는 동양이 스스로를 대변할 수 없으니 누군가가 대변해줘야 한다며 마치 선생님 같은 교화^{敎化}의 자세다. 제국의 수상을 지낸 벤저민 디즈레일리는 평생을 바쳐야 하는 사업으로 동양을 거론하면서 동양이 지배의 대상임을 명확히 한다. 이런 고질적인 우월감은 어떻게 형성된 것일까. 식민관료 출신인 아서 밸푸어는 이집트 문명을 가장 잘 알고 있는 영국이야말로 이집트를 지배하고 권위를 행사할 수 있다고 말한다. 인도와 이집트에서 총영사를 지낸 이브린 크로머는 동양인을 순종하게 만드는 힘은 군인이나 세무관리가 아니라 세련된 지식이라고 지적한다. 동양의 역사에서 자치의 경험이 없고 정확함을 기피하는 동양인의 심성은 명석하고 솔직한 앵글로색슨 인종과 대조적이라고 둘은 입을 모은다. 1970년대 미국 국무장관을 지낸 헨리 키신저도 뉴턴의 학설 세례를 받지 못한 신생국은 현실을 제대로 파악하지 못하는 전근대적 세계관에 함몰되어 있다고 폄하한다.

동서양 구분은 차별과 불평등 심화

합리적이고 이성적인 서양, 미개하고 충동적인 동양이라는 오리엔탈리즘의 담론과 이미지는 텍스트에 의해 형성되었다. 사이드는 인간과 장소 및 경험이 한 권의 책에 의해 묘사될 수 있다는 사고방식의 단순함을 탄식하지만 어떻게 하랴. 예나 지금이나 사람들은 복잡다단한 현실보다는 도식적인 텍스트의 권위에 더 의존하려는 인간적 약점을 갖고 있지 않은가. 동양을 다녀온 여행기, 학문적 저술, 문학작품 등이 쌓이고 쌓여 지식 그리고 현실 자체도 창조하고 나아가 일종의 전통까지 빚게 된다.

19세기에 중점적으로 형성된 오리엔탈리즘은 지표의 84퍼센트를 차지한 유럽의 세계 지배를 가능하게 한 이데올로기다. 동양에 대한 지식과 진리를 독점적으로 소유하면서 가지게 된 우월감과 사명감이 지배와 교화를 당연시하게 만들었기 때문이다. 즉, 오리엔탈리즘은 서구 제국주의를 사후 정당화하는 것이 아니라 오히려 침략의 근거와 명분을 사전에 준비한 포석이다. 어둠을 밝히는 문명의 횃불을 들었다는 독선과 허위의식의 집결체인 서구의 오리엔탈리즘은 다른 인종과 민족의 이질성을 묵살하는 인종차별과 서구 중심주의의 동의어다.

무엇보다 우리와 그들을 가르는 오리엔탈리즘적 이분법은 가진 자와 못 가진 자, 강자와 약자 등 일체의 불평등을 심화시킨다. 서구 제국주의의 유산인 오리엔탈리즘 탓에 갈등과 충돌이 끊이지 않는 현실을 타개하는 해법은 무엇인가. 영원한 망명객 에드워드 사이드가 가장 좋아한 짧은 글이 단서가 될 듯하다.

"자신의 고국에만 애정을 느끼는 사람은 아직 어린아이와 같다. 세계 모든 곳을 다 자기 고국처럼 느끼는 사람은 강한 사람이다. 그러나 세계 어디를 가도 타국처럼 느끼는 사람이야말로 성숙한 사람이다."

이병주

『관부연락선』

문학으로 기록한 한국 근현대사

경상남도 하동의 가을은 "이병주 국제문학제"가 열리는 시간이다. 지리산의 물과 흙으로 빚어진 하동 출신 작가 이병주의 문학 세계는 바다와 같다. 흙탕물과 같은 다양한 인간 군상群像을 다 받아들이면서도 더럽혀지지 않는 대양大洋처럼 광대하고 무량하다. 일본에서 수학하고 학병으로 끌려갔던 중국에서의 체험을 형상화한 소설들은 분단 시대의 답답함을 명쾌하게 풀어준다. 교육자와 저널리스트로서의 경력 또한 다채롭다. 1950년대 부산에서 언론인 생활을 시작하면서 사설을 쓰고 칼럼을 집필한 것도 모자라《부산일보》에 소설 「내일 없는 그날」을 연재하기도 했다. 대중소설가로 유명한 중국 작가 김용이《명보明報》를 창설하고 논설과 소설을 도맡으면서 신필神筆로 불린 것과 흡사하다.

요철이 많은 비포장도로와 같은 이력도 세계와 운명을 입체적으로 이해하게 만들었다. 부산군수기지사령관 박정희와 자주 대작했던 작가는 5·16쿠데타의 직격탄을 맞고 죄수로 전락한다. "통일에 민족역량을 총집결하자"는 신년 사설과 잡지 칼럼이 반공의 단두대에 오른 탓이다. 2년 7개월의 옥고는 개인사적으로 크나큰 불행이지만 문학사적으로 다행이라는 것은 야누스의 얼굴이라고밖에 말할 수 없다.

어두운 시대 밝힌 "줄줄이 걸작"

남북 분단에서 비롯된 필화 사건의 당사자로서 그의 문학은 민족

분열의 고통과 뿌리를 탐구하는 기나긴 도정이다. 『지리산』, 『산하』, 『그해 5월』 등등 어두운 시대를 밝혀주는 별빛이 되었던 걸작들은 소설로 쓴 한국 현대사라는 평가까지 받고 있다. 그 가운데서도 마중물이 되었던 작품이 『관부연락선』이다. 20세기 초엽 국권을 상실하면서 전개된 민족사는 자가당착과 자기부정의 역사였다. 특히 일제의 "학도지원병령"으로 용병이 된 청년 지식인 이병주는 자신을 해방시키려는 세력에 맞서 총을 드는 착란 상태에 처해 있었다. 참과 거짓, 선과 악이 굴절되고 왜곡되면서 "노예의 사상"은 내면화됐고 이때 분단 시대의 씨앗도 뿌려졌다.

때문에 한반도와 일본의 관계는 역사적 차원은 차치하고 작가 개인의 실존적 조건을 규명하기 위해서라도 제1의 과제로 부각됐다. 여기서 작가가 착안한 상징물은 "관부연락선"이다. 부산과 시모노세키下關를 정기 왕복하는 여객선은 일선동조론日鮮同祖論으로 치장한 일본 제국주의의 이중성을 폭로한다. 조선인은 도항증명渡航證明과 같은 복잡하고 번거로운 절차를 밟아야 하고 창고 같은 배 밑바닥에 실려 갑판으로 나올 수도 없다. 가난 탓에 몸을 팔러 고향을 떠나는 일본 여성들에게도 관부연락선은 굴욕이었다. 평생 흑백논리에 반대했던 작가의 균형감각이 발휘되는 대목이다.

소설의 주요 인물 유태림은 관부연락선에서 투신한 조선인의 정체를 찾기 위해 탐정을 자처한다. 친일파 송병준을 처단하기 위해 시모노세키로 잠입했다가 뜻을 못 이루고 자결한 청년을 탐색하는 과정은 독립국과 식민지, 전통과 근대 사이에서 유랑하는 지식인이 자기정체성을 형성해가는 일지이다. 작품 속 의병장 이인영에 대한 일본 관헌의 문답조서는 독립운동이 달걀로 바위를 치는 무모함을 넘어선다는 것을 보여준다. 혹자는 성공하지 못했기에 시대착오였다고 말할지 모르지만, 실패를 통해서 인간의 위대함은 한결 명료하게 나타난다. 더욱이 역사가 입힌 상처와 비명은 이병주의 문학에서 생생하게 증언된다. "의병에 관한 역사책의 기록은 두세 줄에 그치지만 그 행간에는 수만 명의 고통과 피가 응결되어 있다"는 대목은 역사의 중량에 눌린 인간을 기념하고 찬양하는 예술의 역할을 새삼 일깨우는 듯하다.

내면의 천재 깨워야 생生의 승리자

과거는 망각하고 끊어지면 안 되고 계속 되살려야 한다. 어제를 잊는 것은 오늘의 악惡을 잉태할 수 있으니까. 작중 시공간이 현재에서 과거로, 한반도에서 일본으로 끊임없이 진자운동을 하는 것도 그러한 연속성을 의도하는 듯하다. 작품 내내 교육이 강조된 것도 같은 맥락에서다. 좌우 모두가 배척하는 유태림은 미래를 위해 교단에 뛰어든다. 학생의 내면에 잠든 천재를 깨워 인생의 승리자로 만들기 위해서다. 누구나 다 천재를 가지고 있기에 엘리트주의는 아니다.

교사는 일차적으로 학생을 자극해서 공부를 하게 만들어야 한다. 하늘이 무너져도 정의를 세우는 사람으로 준열히 가르치는 것도 중요하지만, 이념의 난장판 속에서는 무탈하게 보살피는 일도 소중하다는 주인공의 교육철학은 "군사부일체^{君師父一體}"라는 화석화된 관용구에 생기를 불어넣는다. 그러나 모두가 자유롭지 못한 시대에서 인격이 높고 재능이 많은 인물일수록 삶의 곡절은 불가피하다. 모든 것을 지녔지만 나라를 갖지 못한 지식인의 운명은 결국 생사를 알 수 없는 실종으로 마무리된다. 이 땅에서 생을 받았지만 식민지와 분단의 굴레 속에 스러져간 그와 같은 무수한 고혼들에게 바치는 작가의 추도사는 장엄하다.

"운명…… 그 이름 아래서만이 사람은 죽을 수 있는 것이다."

『조선왕조실록』

한민족의 오래된 미래

지난 1000년간 한반도에서 나온 가장 대단한 책을 말해보라고 한다면『조선왕조실록』이라고 대답하고 싶다. 500년에 이르는 장구한 시기에 분량도 압도적이다. 일제하에 편찬된 고종과 순종 실록은 제외하고도 총 1893권 888책에 약 5000만 자의 한문으로 이뤄진 문자의 은하계와 같다. 그러나 조선은 망했다. 문명국이었지만 왜적에게 무너진 것이다. 소국이 대국을 공격할 수 없다는 위화도 회군이 건국의 원죄였던 만큼 망국은 당연하다는 것이 예언자 함석헌의 진단이었다. 그는『뜻으로 본 한국역사』에서 사대주의로 탄생한 조선은 자기를 잃어버린 역사여서 당파로 쪼개지고 모순이 누적됐다며 "당쟁망국론"을 펼친다. 국권 상실의 책임을 추궁하는 것도 도를 넘어서면 일제의 침략을 정당화하는 식민사관으로 악용될 수 있다.

사관은 청와대 출입기자(!)

『조선왕조실록』은 조선이 어떤 나라인지를 보여주는 살아 있는 다큐멘터리다. 거기에는 국왕과 신하뿐만 아니라 선비와 농민, 상인과 도둑 등 온갖 유형의 인간들이 살아 숨 쉰다. 가족끼리 피를 뿌리는 권력의 무자비함과 아울러 궁정의 민낯을 몰래 들여다보는 쾌감도 있다. 지엄한 나라님의 속사정을 파헤치는 사관들은 청와대나 백악관 출입기자보다 몇 수 위다. 국왕이 사관 없이 관리를 만나기란 언감생심이었고 실록 열람 또한 금지됐다. 권력이 간섭할 수 없도록, 왕권과 신권이 조화를 이루도록 만든 제도가 사관과 실록이다. 변방의 이무기 이성계가 용으로 승천한 데에는 정도전, 조준과 같은 성리학자의 도움이 컸다.

성리학의 근본이념은 무엇인가. 성균관대 석좌초빙교수 미야지마 히로시는 "성인이라는 것은 배움을 통해서 이를 수 있는 것이다.聖人, 學而可至"라는 문장으로 설명한다. 사람은 누구나 성性을 갖고 있다. 선천적으로 평등하다. 하지만 배움의 유무에 따라 지혜가 달라지고 현우賢愚가 생겨나는 것이다. 일급의 유학자인 신하들은 현군과 혼군을 판가름하는 것은 공부이니 군주에게 끊임없는 학습을 주문했다. 유교적 이상 군주는 요람에서 무덤까지 책을 놓지 않는 독서인이다. 신하와의 세미나인 "경연"으로 권력의 폭주를 예방하고 역사의 제단에 올리는 "실록"을 통해 욕망을 순화하는 것이야말로 문치주의라는 성리학적 세계관을 구현하는 지름길이었다. 임금의 말 한 마디, 손짓 하나조차 놓치지 않는 사관들은 국왕의 승부처가 지금 여기가 아니라 불멸의 역사라는 것을 일깨워준다.

무엇보다 조선은 중앙집권국가였다. 유럽이나 일본처럼 봉건제가 등장하기에는 국토가 좁고 산수의 경계가 험하지 않았다. 성리학의 친親평등적 성향은 양반과 상민을 양인이라는 범주로 묶었다. 현상을 유지하는 사회를 안정적으로 운영하기 위해서 무엇보다 필요한 것은 권력자의 인품과 자질이다. 임금은 마음을 먹으면 수많은 사람과 세계를 변화시키는, 즉 조짐을 만들어내는 "짐朕"이기 때문이다. 야성의 본능은 학문으로 다스리고 내세의 욕망은 실록으로 교화된 왕이야말로 세상의 주인이 될 수 있다. 서양 사상가

들이 고대하던 철인왕哲人王은 바로 이 땅에 머물렀다가 떠난 조선의
임금들 몇몇이었던 것이다.

위화도회군은 경로의존의 덫

특히 "역사는 지나간 것의 결과가 아니라 장차 올 것 때문에 있는
것"이라는 함석헌의 주장을 따르면, 『조선왕조실록』은 오래된 미래
이다. 미국과 중국의 패권 경쟁에서 위기에 처한 지금의 우리에게
그 또한 역사적 패턴에 속한다는 것을 알려준다. 구원병을 보내준
명나라와 신흥강호 청나라 사이에서 균형을 잡아야 했던 선조들의
고뇌와 갈등은 훌륭한 사례연구다. 19세기 조선을 둘러싼 청, 일,
러, 미의 쟁탈전은 21세기 현재에도 포장만 바뀐 채 진행 중이다.
　대내적 차원에서 은감불원殷鑑不遠의 교훈도 적지 않다. 이성계
의 위화도회군은 20세기 한국 사회가 갇혔던 "경로의존의 덫"이다.
5·16군사정변과 12.12반란이 수백 년 뒤 되풀이된 것은 교훈을 얻
을 때까지 되풀이되는 역사의 무서운 섭리가 아닌가. 게다가 아무
리 역성혁명으로 포장했지만 권력투쟁의 "빅뱅"은 일회적으로 완
결되지 않는다. 창업군주는 "왕자의 난"에 휩쓸려서 둘째 부인에게
얻은 아들 둘과 사위를 잃고 딸은 비구니가 된다. 무엇이든 할 수
있다는 권력의 마력에 중독된 결과, "적장자 우선"의 유교적 지배
이념을 스스로 내팽개친 후과였다. "구악 일소"와 "정의 사회"를 표
방하면서도 그것을 뒤엎은 군사정권들의 자가당착도 비슷한 궤적

을 보여준다. 실제로 쿠데타의 주역들은 공통적으로 내분이 심각했으며 측근이나 후계자에게 뒤통수를 맞았다. 사실 현재의 거울이 되어주는 실례는 『조선왕조실록』에 "차고 넘친다". 그럼에도 읽을수록 떠오르는 단어는 "세습"이다. 북한의 권력 세습이나 남한의 재벌 세습, 그리고 그 과정에서 일어나는 참으로 기괴하고 이해할 수 없는 행태가 어디서 왔는지 일러준다. 공화국에서 살아간다는 우리가 아직 왕조 사회를 벗어나지 못한 것일까.

『물질문명과 자본주의』

*Civilisation materielle,
economie et capitalisme*

페르낭 브로델

20세기 역사학의 바이블

한풀 꺾이긴 했지만 제4차 산업혁명은 애초 장밋빛 일색이었다. 증기기관과 전기, IT기술로 시공간을 다스리게 된 인간이 이제 물질로부터 해방되는 황금시대를 열게 됐다는 것이다. 하지만 새 일자리는 산술급수적으로 증가하지만 옛 일자리는 기하급수적으로 추락하고 있다. 차량공유 서비스에 반발하는 택시 기사들의 잇단 분신은 벼랑 끝까지 몰린 "밥줄"의 위기감을 웅변한다. 게다가 "일각一刻이 여삼추如三秋"라는 비유적 표현은 지금 세계에서는 실제 상황이다. 몇 년 치 정보와 지식이 한순간에 압축되는 초고속 사회에서 끊임없이 뛰지 않으면 끝장이라는 엄포가 작렬한다. 쏟아지는 변화와 혁신에 주눅 든 모습이 우리 시대의 자화상이다.

한데 인간은 과거에서 미래를 찾는 존재다. 사상 초유의 윤곽조차 잡기 힘든 사건들도 배후의 흐름과 구조를 파악하면 얼마든지 이해할 수 있다고 페르낭 브로델은 『물질문명과 자본주의』에서 설득력 있게 제시한다. "역사학계의 교황"으로 불리는 프랑스 사학자 브로델은 29년간의 구상과 집필 끝에 근대 자본주의가 유럽에서 출현한 까닭을 규명한 역저를 완성했다. 거창하고 어려운 주제를 다룬 것 같지만 그렇지 않다. 그가 주목한 것은 보통 사람들의 일상이다. 대통령이 어떻고 야당이 어떻고 하는 정치적 사건이 아니라 수천 년 전부터 먹고 입고 잠자는 사람들의 변하지 않는 물질문명을 통해 시장경제가 만들어지고 자본주의가 돌아간다는 메시지를 던지고 있다.

혁명에도 끄떡없는 일상생활

『물질문명과 자본주의』를 번역한 서양사학자 주경철은 바다를 통해 브로델의 역사를 풀이한다. 끊임없이 일다가 부서지는 파도는 시위나 전쟁과 같은 "단기적 사건"이다. 지속적 흐름을 보여주는 해류는 물질과 경제생활에 영향을 주는 "중기적인 순환"이다. 인편人便에서 휴대폰으로 소식을 전하고, 초가에서 아파트로 주거가 변화하는 것들이다. 그런데 바닷물의 대부분은 심해가 차지한다. 거의 움직이지 않는 심층수는 수백 년 동안 변하지 않는 모내기 농사와 같이 "장기적 구조"를 의미한다.

프랑스대혁명이나 러시아혁명 이후에도 여전히 민중들의 의식주가 크게 변하지 않듯이 오랜 세월을 내려온 물질생활이 "사건"으로 바뀌기는 힘들다. 아무리 태풍이 불고 해일이 생겨도 시간이 지나면 잔잔한 바다로 복원되는 것과 같다. 제4차 산업혁명 또한 지나가는 사건이나 흐름 정도가 아닐까. 변화를 못 본 체, 없는 척하자는 것이 아니다. 어떤 왕바람도 심해를 뒤집을 수 없는 것처럼, 예로부터 쌓아온 우리의 물질문명은 "뿌리 깊은 나무"여서 쉽게 흔들리지 않기 때문이다. 제2차 세계대전 당시 독일의 포로수용소에서 수천 쪽의 박사논문을 완성한 브로델은 내일을 걱정하지 말고 오늘에 충실할수록 문명의 복원력이 우리를 제자리로 돌려준다고 가르친다.

『물질문명과 자본주의』는 모두 3권(한글판은 6권)이다. "일상생활의 구조", "교환의 세계", "세계의 시간"으로 구성됐다. 지금 우리가 살고 있는 현대의 근원과 구조를 이해하기 위해 14세기부터 18세기까지의 세계를 총체적으로 드러냈다는 평가를 받고 있다. 일상생활은 무엇인가. 그가 가장 주목한 대상은 수(인구의 변화), 의식주, 기술, 도시와 화폐다. 극히 사소하고 잡다한 삶의 행위들이 되풀이되면서 구조가 되어 문명의 성질을 결정하기에 브로델에게 일상생활은 역사 인식을 위한 최고의 사료들이다. 위인이나 사건에 초점을 맞춘 구태의연한 역사가와 뚜렷이 구별되는 브로델의 특장점이다. 밀, 쌀, 옥수수의 3대 곡물의 수용과 변천을 추적하고 사치품과 일상용품 등 각종 물질생활의 양상을 흥미롭게 기술한다. 한민족과 관련된 대목은 담배다. 17세기 조선에서 남녀노소를 불문하고 급속도로 보급됐다는 정도로 짤막하게 언급됐다.

시장경제는 자본주의가 아니다?

그런데 일상생활은 인간의 삶을 안정적으로 뒷받침하는 동시에 구속하기도 한다. 변화를 만들어내는 인간의 창조적 노력도 일상의 관성 속에서 자유롭기가 힘들다. 구조에 장악된 인간은 아무것도 할 수 없을까. 그렇지 않다. 장기 지속되는 구조라도 완만한 변화는 일어나는 법이다. 게다가 일상생활의 상부에 위치한 시장경제(교환경제)와 자본주의는 민첩하게 움직이면서 변화를 끌어낸다. "교환의 세계"는 생산과 소비 활동을 연결하는 교환을 통해 시장경제가 활성화되는 양상을 기술하고 있다.

시장경제를 자본주의와 동일시하는 상식과 달리 브로델은 양자를 대립적으로 파악한다. 교환 위주의 시장경제가 발달한 것이 자본주의가 아니라 시장경제와 자본주의는 늘 함께 존재하지만 정반대되는 성격을 가졌다는 것이 그의 논지다. 책에 따르면, 자본주의는 시장경제의 꼭대기에 올라서서 시장을 지배하고 수요와 공급의 법칙을 거부하고 독점의 횡포를 휘두르는 거대기업과 거대자본이다.

오늘날 "카지노 자본주의"로 일컬어지는 투기펀드의 행태를 예언한 브로델의 설명은 야바위가 판치는 글로벌 자본주의의 역사가 이미 18세기 이전에 배태되었다는 것을 입증한다. "세계의 시간"은 유기적인 통일성을 특징으로 하는 세계 경제가 만들어지는 과정과 형태를 시간적 경과에 따라 기술하고 있다. 보통 사람들의 지루한 일상이 역사를 움직인다는 『물질문명과 자본주의』의 결론에서 천재 한 명이, 신기술 하나가 인간과 세계를 좌우할 수 없다는 오래된 지혜를 재확인하게 된다. "인내와 시간을 당할 자는 아무도 없다"는 러시아 속담처럼 말이다.

08

『과거, 중국의 시험지옥』

科擧: 中國の試驗地獄

미야자키 이치사다

과거제도는 중앙집권과 문민통제의 기반

장마철 즈음에 어김없이 찾아오는 손님이 있다. 이맘때면 전국의 지방자치단체와 교육청, 그리고 사설 교육기관들은 내년도 대학입시 설명회를 경쟁적으로 개최한다. 시험 한 번으로 진학이 좌우된다는 불합리성을 참을 수 없었던 교육당국이 대학으로 가는 수천 가지의 조합을 양산한 탓이다. 오늘날 수험생과 학부모는 망양지탄亡羊之歎의 포로가 된 지 오래다.

아이로니컬하지만 시험지옥은 진보적 사고에서 태어났다. 1400년 전 중국 수나라 문제는 귀족세력을 견제하기 위해 오로지 개인의 능력으로 관리를 선발한다는 파격적 제도, 즉 과거를 시작했다. 일본의 동양사학자 미야자키 이치사다는 왕이 귀족과 토호 세력을 꺾을 무기로 과거제에 주목했고, 송나라 이후 과거와 중앙집권은 한 몸이 됐다고 평가한다.

현대판 과거는 공무원 임용시험이지만 공직의 발판이 되어가는 대학입시 또한 예비 과거에 들어가며 각종 선거도 과거의 일종이다. 의원이나 시장 당선이 과거 급제와 같다고? 애초 중국에서는 관리를 뽑는 것을 선거라고 불렀다. 과거라는 말은 과목에 따른 선거를 축약한 것이다.

천자를 보좌하고 경륜을 펼친다는 고상한 명분을 내건 과거제는 실상 "로또" 당첨과 판박이다. 관리가 되면 팔자를 고치고 뽐내며 살 수 있으니 인생 역전의 일대 로망이 따로 없다. 수요는 적고 공급이 많으니 "과거지옥"이 전개되는 것은 불가피했다. 청나라 때 완성된 과거제의 흐름도를 살펴보자. 학교시와 과거시라는 두 단계에서 모두 열 번의 시험을 치러 최종합격을 하면 진사가 된다. 부처 임용시험인 조고까지 포함하면 총 열한 번이다. 한 번의 시험마다 몇 차례의 소시험이 들어 있고 응시자는 수험장에서 길게는 일주일 동안 먹고 자면서 답안을 작성해야 한다. 최종 수석합격자인 "장원"은 1000만분의 1이다.

지옥의 과거 레이스에서 살아남으려면 집안의 경제력이 필수적이다. 재능이 비슷해도 부자나 식자층 가문이 유리하고 시골보다 도회지 출신이 우세할 수밖에 없는 것은 예나 지금이나 똑같다.

사회의 모든 에너지가 과거에 쏠리다 보니 낭인들도 허다했다. 개천에서 용을 꿈꾸다 평생을 흘려보낸 인생을 조롱하는 속담, 가령 "쉰 살에 진사가 되는 것도 젊은 편" 따위가 유행했다. 특출한 천재를 등용할 수 없는 것도 과거의 태생적 약점이다. 그래서 왕권을 강화한 과거제가 왕조 몰락의 기폭제가 되기도 했다. 당나라, 명나라, 청나라 붕괴의 주역은 다들 낙방거사였다.

역사적 그늘도 많지만 과거제가 군인 세력을 억제하고 문치주의를 정착시킨 것은 오늘날 문민통제의 원칙과도 부합한다. 중국에서 과거가 뿌리내린 송나라 이후 쿠데타가 거의 사라진 것은 과거가 민간 여론과 신망을 바탕으로 한 선거적 성격이 있었기에 가능했다. 그렇지만 과거로 충원된 중국의 통치 엘리트는 19세기 서구 열강들에 패배했다. 과거의 전통과 성격을 답습한 우리의 입시와 고시 제도가 과연 21세기에 한국의 생존과 번영을 담보할 수 있을지 불만과 불안이 커져가는 시점이다.

09

오무라 오지로

お金の流れで探る現代権力史

『돈의 흐름으로 읽는 세계사』

패권의 이동은 화폐의 교체

꼭 마르크스의 사적유물론에 의지하지 않더라도 역사를 움직여온 것은 돈임이 분명하다. 전쟁과 분쟁, 갈등과 대립의 뒷면에는 반드시 금전이나 이권이 걸려 있다. 21세기도 마찬가지다. 2003년의 이라크전쟁도 후세인 정권이 원유 결제 수단을 달러에서 유로로 바꾸려는 시도에서 촉발됐다는 해석이 유력하다. 사실 돈이나 이익이 걸려 있지 않다면 구태여 수많은 생명이 스러지고 막대한 자원이 투입되는 전쟁을 일으킬 이유가 없다.

복잡하고 아리송한 역사도 "돈"을 기준으로 보면 쉽게 이해할 수 있다. 세무관료 출신 작가 오무라 오지로는 『돈의 흐름으로 읽는 세계사』에서 세계를 움직이는 가장 강력한 원리가 돈이며, 돈이 곧 권력이라고 강조한다. 근대 세계의 기본 질서를 형성한 영국의 성공 비결이 해적질한 돈에 있었다는 것은 자본의 시원적 축적에서 벌어진 폭력성과 야만성을 웅변한다. 당시 영국의 국가 예산이 20만 파운드인데, 해적 선단은 한번 떴다 하면 30만 파운드를 왕실에 바쳤다. 해적선장 드레이크가 해군제독이 되고 귀족 작위까지 받은 것은 당연지사다.

산업의 혈액인 석유도 돈과 한 몸이다. 전후 세계 질서를 기초한 얄타회담 직후에 미국 대통령 루스벨트는 사우디의 초대 국왕을 만나 사우디를 지켜줄 테니 향후 석유 거래는 달러로만 결제해 달라고 요구했다. 미국은 이를 통해 달러를 기축통화로 유지할 막강한 후원군을 얻게 되었다. 조폐기로 달러를 찍기만 해도 미국이 전 세계의 부를 끌어올 수 있는 배경이 된 것이다.

냉전의 해체도 돈에서 비롯됐다. 1970년대 중반 미국은 GDP의

6퍼센트, 소련은 25퍼센트를 군사비로 지출하는 사실상 전시 체제였다. 막대한 국방비 부담으로 미국의 공업 생산성이나 제조업 경쟁력은 독일과 일본에 추월당했다. 세계의 부자 미국은 1985년 세계 최대의 "빚쟁이"로 전락한 이후 소련과 군축회담에 적극 나선다. 하루바삐 냉전을 종결해서 경제 패권을 지켜야 한다는 위기감에서다.

현재의 국제 상황도 마찬가지다. "미국=일등"의 공식이 흔들리게 된 것은 누적되는 무역적자 탓이다. 빚더미에 올라탄 미국이지만 여전히 달러를 사주는 나라들 덕택에 미국의 패권은 유지되고 있다. 그러나 중국이 위안화를 무역 결제 수단으로 사용하는 국가에게 특혜를 준다면 기축통화의 권력 교체도 가능할 수 있다. 물론 중국 또한 금융 시스템이나 공해, 양극화 등 많은 문제를 갖고 있고 막강한 군사력을 가진 미국이 호락호락하게 단순 채무국으로 넘어가진 않을 것이다.

하지만 만물은 유전한다. "해가 지지 않는다"던 영국의 파운드화도 브레튼우즈 협정 이후 권좌에서 내려왔듯이, 미국의 "그린백"도 한계상황에 직면할 것이다. 미국의 달러가 다른 통화에게 자리를 내주는 과정에서 어떤 일이 벌어질까. 저자의 지적처럼 단순히 미국 몰락으로만 끝나는 것이 아니라 세계가 "경제 팬더믹^{pandemic}"에 빠지게 될 것이다. 그런 면에서 지금 미국은 세계 경제의 가장 큰 문제다.

10

『아무도 말하지 않는 미국 현대사』

The Untold History of the United States

올리버 스톤,
피터 커즈닉

좋은 나라 만드는 주역은 보통 사람들

시사주간지 『타임』을 만든 헨리 루스는 20세기를 미국의 세기라고 선언했다. 좋든 싫든 미국은 국제 사회에 지대한 영향력을 행사해 왔고 그에 따른 시비와 명암은 뒤엉켜 있다. 분명한 것은 지금까지 지구에 출현한 국가 중에서 가장 강력한 패권을 행사한 나라가 미국이라는 사실이다. 세계 모든 곳에 군사기지를 운영하면서 자국 이외의 모든 나라와 맞붙을 전력을 보유한 제국은 미국 이전에 전무했다. 그런 점에서 미국의 과오를 살펴보는 일은 좀 더 평화로운 천하를 만들기 위해 필수적이다.

『아무도 말하지 않는 미국 현대사』는 "미국을 다시 위대하게" 하려고 민낯을 드러낸 책이다. 공저자인 영화감독 올리버 스톤과 역사학 교수 피터 커즈닉은 베트남전쟁의 참전 용사와 반전 리더로서 격동의 70년대를 건너왔다. 이들은 조국의 역사가 아름답지 않다고 토로한다.

왜 미국은 공존공영의 진보적 세계 대신 전쟁과 착취의 잘못된 길로 접어들었을까. 저자들에 따르면 우드로 윌슨 대통령의 집권과 함께 미국의 진로는 완전히 뒤바뀌었다. 명문 프린스턴 대학교 총장으로 최초의 지식인 대통령인 윌슨은 혁명을 혐오하고 무역과 투자 확대를 열렬히 지지했다. 이 과정에서 폐쇄적이거나 공손하지 않은 나라들의 주권은? "닫힌 나라의 문은 때려 부수고 고분거리지 않는 국가의 주권은 침해돼도 할 수 없다"가 윌슨의 소신이다.

후임 대통령들은 모조리 윌슨의 신봉자들뿐이었다. 식민주의와 경제적 착취에 반대하는 정치가들이 없었던 것은 아니다. 이 책은 프랭클린 루스벨트의 부통령을 지냈으나 1944년 민주당 전당대회에서 당내 보수파들의 밀실 흥정으로 밀려난 헨리 월리스의 낙선을 아쉬워한다. 진보적인 월리스가 대통령직을 승계했다면 핵폭탄 투하나 냉전의 역사는 어쩌면 뒤집어졌을지 모른다는 것이다. 미국 정치가 또다시 세계사의 향방을 갈랐던 것은 2000년 대선이었다. 지저분한 선거전술을 구사했던 조지 W. 부시의 공화당 행동대원들은 문제가 된 플로리다주 선거구 검표위원회에 몰려가 주먹을 휘두르고 난동을 부리면서 재검표를 포기하도록 했다. 현장을 목격한 친기업 성향의 《월드스트리트저널WSJ》 논설위원조차 "부르주아 폭동"의 결과 부시는 다 놓쳤던 대통령 자리를 되찾을 것이라고 말할 정도였다.

1991년 소련 해체 후 지존무상至尊無上에 등극한 미국의 위세는 여전하다. 그러나 10년 전 글로벌 금융위기 이후 중국의 급부상에다 미국 내부적으로 사회경제적 양극화가 겹치면서 다양하고 역동적인 가능성의 시대가 열리고 있다고 많은 이가 지적한다. 그럴까 하지만 "변화"와 "앞으로"를 다짐한 오바마 전 대통령도 미국의 민주주의를 군산복합체와 월스트리트의 마수에서 구해내지 못했다. 그래도 저자들은 희망을 잃지 않는다. 더 좋은 미국은 지도자가 제시하는 것이 아니라 보통 사람들이 공화정의 정신을 조직화할 때 가능하기에 이제 미국인들은 세계의 시민들과 함께 변혁을 요구하자고, 그것에 기대를 걸어보자고 호소한다.

11

世界史の極意

『흐름을 꿰뚫는 세계사 독해』

사토 마사루

21세기 신新제국주의의 부활

CNN을 필두로 한 주류 언론들의 가짜뉴스가 증오범죄^{hate crime}를 일으킨다고 미국 대통령 트럼프는 주장한다. 거꾸로 트럼프의 "가짜" 운운하는 발언들이 폭력을 야기하는 요인 중의 하나라고 뉴스 매체들은 반박한다. 실제로 "폭탄 소포"와 "유대교회당 총기 난사 사건"의 피의자는 트럼프의 열렬 지지자이기도 하다. 한국에도 가짜뉴스의 폐해가 심각하다. 분열을 조장하고 갈등을 선동하니 정부가 근절 대책까지 추진 중이다. 그러나 거짓을 전하는 공급자도 골칫거리지만 짧고 자극적인 소식을 선호하는 이용자도 문제다.

가짜뉴스에 넘어가지 않는 감식안은 어떻게 길러야 하나. 오늘을 만든 역사를 공부하는 것이 지름길이지 않을까. 지금 이 상황은 과거에 존재했던 "오래된 현재"들이다. 그런 점에서 일본의 논객 사토 마사루가 쓴 『흐름을 꿰뚫는 세계사 독해』는 21세기의 국제 정세를 예전과 비교하고 유추하면서 거짓에 휘둘리지 않고 세계를 이해하는 데 도움을 준다.

저자는 현재 국제 사회가 19세기 제국주의 경쟁의 역사를 재현하는 양상을 띠고 있다고 본다. 제국주의는 시기적으로 1870년대부터 제1차 세계대전까지이며 영국의 패권이 약화되면서 후발주자인 독일 등이 식민지 쟁탈전에 뛰어들어 전쟁으로 귀결됐던 움직임이다. 영국을 미국으로, 독일을 중국으로 바꾸면 지금과 흡사하다. 9.11테러와 글로벌 경제위기 이후 미국이 한풀 꺾이고 중국이 군사력을 바탕으로 국력을 신장하는 것도 판박이다. 물론 식민지를 만들고 전면전(핵이 있는 마당에)을 벌이기 힘들다는 차이점도 분명하다.

그렇지만 아무리 "세탁"을 해도 제국주의는 제국주의다. 국가의 무력을 외부에 투사한다는 것이 제국주의의 본질이기에 향후 국지적 분쟁이나 전쟁은 빈발할 것이라고 이 책은 전망한다. 비근한 사례가 2008년 러시아와 조지아 사이의 전쟁이다. 당시 충돌을 통해 국경선이 변경됐는데 이는 냉전 이후 영토 전쟁을 하지 않는다는 암묵적 규칙을 깼다는 측면에서 중대한 변화라고 할 만하다. 그런 맥락에서 보면, 우크라이나 내전과 크림반도 합병, 그리고 독도 문제도 제국주의의 맥락에서 새로 접근해야 할 사안이다.

지금의 새로운 제국주의적 경향이 가짜뉴스와 상승작용을 해서 국내와 국외를 막론하고 증오와 대립을 가속화할 것은 명백하다. 폭력과 선동에 대처하는 해법의 일환으로 영국은 역사 수업으로 학생들에게 과거 인도의 식민 지배를 다양한 방식으로 가르친다. 그 시기에 저지른 잘못을 가르치면서 실패로 끝난 제국주의 역사를 통해 어떤 나라로 나아가야 하는지를 스스로 깨우치도록 한다. 역시 일본보다 영국이 한 수 위다.

가만히 보면, 역지사지나 지피지기의 교훈은 "남"이 아니라 "나"를 위함이다. 과거사를 왜곡하고 정신승리에 도취한 편보다 상대적으로 어제와 오늘을 이해하는 쪽이 늘 위태롭지 않은 것은 당연한 이치다.

12

『뜻으로 본 한국역사』

함석헌

20세기 한민족에 선사한 최고의 책

16세기 말부터 40여 년은 임진왜란과 병자호란의 시대였다. 2016년에 이어 2019년 현재를 왕조실록 식으로 부른다면? "사드호란"과 "경제왜란" 정도일 듯하다. 외세는 병력 대신 경제력으로 기습하고 괴롭히면서 항복을 얻어낼 심산이다. 무엇보다 일본에 뒤통수를 맞은 것이 못내 분하고 아쉽다. 선전포고 없는 파렴치한 "선빵"은 그들의 전매특허였는데도 말이다. 일본은 누천년간 한민족의 역사를 굴절시키고 방해한 나라였다고 사상가 함석헌은 거듭 강조했다. 만화萬禍의 근원으로서 일본관은 그가 일제강점기에 쓴『성서적 입장에서 본 조선역사』와 그것을 30년 뒤에 개작한『뜻으로 본 한국역사』에서 변함없다. "한국의 간디", "민족의 예언자"로 불린 함석헌의 수다한 저작 가운데서도『뜻으로 본 한국역사』는 엄지손가락이다. 혹자는 20세기에 한국에서 나온 가장 위대한 책이라고까지 격찬한다.

식민지의 지식인이었던 그에게 역사는 "살아라, 그리고 뜻을 드러내라"는 절대명령이다. "뜻"은 대체로 신의 섭리로 풀이된다. 역사의 3요소는 지리, 민족성, 섭리인데 가장 중요한 것이 섭리라고 한다. 지리가 무대고 민족이 배우라면, 그것을 좌우하는 각본이 바로 섭리인 것이다. 하느님의 섭리는 한국 역사의 기조를 고난으로 정했기에 우리 역사가 가진 것은 가난과 수난밖에 없다. 하지만 성경에 비춰보면 고난이야말로 민족의 가시면류관이며 세계를 건질 구원자의 명현 현상이다. 종말론과 최후의 심판을 강조하는 기독교 사관의 한국사적 적용이자 한민족에 선민적 역사의식을 일깨워 주는 듯하다.

한데 고난은 어떻게 끝나고 구원은 어떻게 도래하는가. 저자의 해답은 "광활한 만주 벌판"이다. 민중가요《광야에서》처럼 이 땅에서 피울음과 핏줄기를 다시 겪지 않으려면 만주를 움켜쥐어야 한다는 것이다. 한반도는 만주라는 배경을 얻어서만 뿌리를 박고 안정하는 입지이기 때문이다. 애초 민족의 당당한 출발점이자 보금자리도 만주였다. 해서 만주를 붙이는 것은 제국주의적 발상이 아니라 지난 역사에 터무니가 있다는 것이 함석헌의 설명이다. 본향인 만주를 내놓고 반도에서만 살아가려 했기에 고난을 자초하면서 삐뚤어진 역사가 전개된 것이다. 그러니 민족이 자유롭게 활동할 무대로 다시금 만주 평원을 가야 한다. "낡은 관념의 옷을 팔아 진리의 칼을 사서" 만주를 경영해야 한다는 절절한 호소이다.

　　이른바 함석헌의 "만주사관"은 지리 결정론의 협의에다 "약속의 땅"이라는 종교적 냄새가 물씬하다. 과격한 근본주의와 단선적 흑백논리라는 비판에서 자유롭지 못하다. 무엇보다 간도 문제로 예민한 중국과의 국경 분쟁을 야기할 인화제가 될 수도 있다. 그러나 책이 쓰인 1930년대 만주는 식민지의 "씨알"(민중의 우리말)들에게 희망과 개척의 땅이었다. 시대적 특수성을 감안하면서 읽다 보면 『뜻으로 본 한국역사』야말로 소수와 약자를 대변하는 민중의 역사책이자 당시 일제가 막대한 자금과 인력을 들여 편찬한 식민사관의 결정체 "조선사"에 대항하는 "다윗의 물매"라는 것을 온몸으로 체득하게 될 것이다.

13

시라이 사토시

『영속패전론』

永續敗戰論―戰後日本の核心

있는 그대로 받아들일 때 독립과 진보가 가능

아덴만에서 활동하던 청해부대의 작전 범위가 호르무즈해협까지 넓어진다. 이란과 일전을 불사하겠다는 미국의 요청 혹은 압력 탓이다. 우리와 같은 딜레마에 봉착한 일본의 독자 파병 방식을 차용한 듯하다. 1945년 8월 15일 이후 엄밀한 의미에서 독자적 주권국가는 미국과 소련밖에 없었다고는 하지만, 한국과 일본은 현저히 종속적이다. 주둔한 미군의 성격이나 반미 감정의 측면에서 한국이 좀 더 낫다고 주장하는 일본 정치학자 시라이 사토시의 주장에서 그나마 위안을 삼아야 할까. 한때 경제 "넘버원"을 넘본 일본이 독립국가가 아니라는 근거는 그의 역저 『영속패전론』에서 설득력 있게 제시된다.

　제2차 세계대전의 패전국인 일본은 패배한 사실을 모호하게 처리했다. 패전일은 없고 종전일만 있다. 전쟁은 진 것이 아니라 끝난 일이라고 생각하기에 한국과 중국 등 아시아 각국에 온 힘을 다해 역사를 부정한다. 과오를 인정하고 사과하면 패전을 수용하는 것이 되기 때문에 "팩트"를 부정하고 현실을 왜곡하는 데 전력한다. 일본의 극우세력들이 코리아타운에 몰려가 혐오 발언을 쏟아내는 것도 이런 맥락에서다. 전쟁 후 "자이니치"가 일본인과 대등한 존재가 된 상황은 패전의 살아 있는 증거가 된다. 때문에 그들은 패전을 부인하기 위해 반인권적, 반문명적 언동을 그치지 않는 것이다. 하지만 일본식 정신승리법이 무작정 통할 수는 없다. 원자탄을 맞은 뒤 포츠담선언을 수락하고 도쿄 전범재판과 미군정을 거친 것은 흔들림 없는 사실이다. 미국의 전후 처리 과정을 낱낱이 거부한다면 이는 미국과의 재대결로 이어질 수밖에 없다. 게다가 전후 일본의 지도자들은 "엉클 샘"의 후원 아래 자신의 기득권을 다져온 존재들이다. 아시아인 수천 만 명의 목숨, 좁히더라도 자국민 300만을 희생시킨 전쟁 책임자들의 지위와 역할은 전후에도 바뀌지 않았다. 일급 전범들의 컴백은 냉전체제에서 일본의 위상을 재평가한 미국의 역코스Reverse Course 정책에서 기인한다. 대표적 인물이 아베 총리의 외조부인 기시 노부스케다. 당연히 예상되는 국민적 반발을 원천 봉쇄하기 위해 만들어진 이데올로기가 패전의 부정이다. 반대급부로 그들의 자리를 보장하고 보호해주는 미국에는 끊임없이 종질을 한다. 패전이라는 과거를 있는 그대로 받아들이고 책임 소재를 가리지 못하기에 미국에 끝없이 종속될 수밖에 없다.

문제는 그에 따른 민족적 스트레스를 자국 내부와 아시아 각국에 투사하는 바람에 역사와 영토에 관한 갈등이 거듭 재생산되면서 전쟁의 위험이 높아지는 데 있다. 아무리 추하고 부끄러운 역사라 하더라도 정면으로 받아들여야 한다. 모더니스트 김수영은 시 「거대한 뿌리」에서 "전통은 아무리 더러운 전통이라도 좋다. [...] 역사는 아무리 더러운 역사라도 좋다"며 현실을 정직하게 수용한다. 사회의 진보나 발전은 일어났던 일을 있는 그대로 인식하면서 이루어지는 것이지 부끄럽다고 부정하고 굴욕적이라고 숨겨서는 영원히 지는 것이다. 일본, 나아가 한국도 패전이나 식민지의 경험을 왜곡, 미화, 망각하려는 자기기만과 위장에서 벗어날 때 진정한 독립과 책임 있는 정치가 시작되지 않을까.

14

『세계사를 움직이는
다섯 가지 힘』

斎藤孝のざっくり!世界史:
歴史を突き動かす「5つのパワー」とは

사이토 다카시

현재를 지배하는 과거

연대기 순으로 서술된 역사 교과서는 무미건조하다. 인물이나 사물을 주제로 한 역사책은 흥미롭지만 평면적이다. 역사학의 교황 페르낭 브로델은 역사를 여러 차원의 시간이 겹친 피라미드 형태로 설명한다. 인간의 삶과 세계는 수백 년, 어쩌면 수천 년간 지속되어온 구조, 수십 년 단위의 순환적 시간, 그리고 단기적 사건이 중층적으로 쌓여서 만들어졌다. 생각보다 사람은 복잡하고 세계의 뿌리는 거대하다. 그러니 삶이나 역사를 정연한 이치로만 따지는 것보다 분출하는 욕망으로 파악하는 것도 의미가 있을 듯하다.

다방면에 걸쳐 저작물을 펴낸 일본학자 사이토 다카시의 『세계사를 움직이는 다섯 가지 힘』은 이성이 아니라 감정의 관점에서 역사를 본다. 그는 욕망, 모더니즘, 제국주의, 몬스터(자본주의, 사회주의, 파시즘), 종교라는 키워드로 현대가 만들어진 배경과 전경을 꿰뚫는다. 먼저 욕망은 인간의 존재 증명이다. 먹고 마시는 생리적 욕구를 넘어서서 필요 이상을 욕망하는 것이야말로 문명을 솟구치게 만든 도약력이다. 상인들은 끊임없이 유행을 기획하고 "신상"을 만들어낸다. 내용보다 포장이 중요하기에 브랜드는 필수적이다. 기술과 이미지와 품격이 덧붙여진 브랜드는 대중이 따라야 할 가치관과 생활양식을 상징한다. 때문에 경제의 중심인 런던과 베를린 대신 문화예술의 핵심인 파리와 빈이 브랜드가 되는 것이다.

모더니즘은 신으로부터 인간으로의 중심 이동이다. 근대화의 진정한 단서는 종교개혁인 셈이다. 신과의 소통을 독점하던 교회의 권력이 깨지면서 이성의 능력이 부각됐고 무엇보다 사유가 신체보다 우월해졌다. 생각하는 인간에게 인식의 진위를 판단하는 기준은 내가 보는 것이다. 백문百聞이 불여일견不如一見이니까. 시선을 지배하는 자가 근대의 권력자다. 공리주의자 벤담이 제안한 판옵티콘의 시스템을 보라. 감시탑에 교도관이 있는지 없는지 모르지만 자신의 일거수일투족이 모두 노출된 처지의 죄수들은 항상 두려움에 떤다. 한편 제국주의의 야망은 생물학적 구조로도 풀이된다. 정복욕에 타오르는 남성의 욕망은 영토와 자식으로 치달았다.

20세기 이래 가장 중요한 힘들은 몬스터와 종교였다. 자본주의와 사회주의, 그리고 파시즘은 경쟁과 충돌을 거듭했으며 열전과 냉전을 연출했다. 저자는 사회주의가 교회를 모방했다고 본다. 민중의 무지를 이용해 진리를 독점하고 권력을 쟁취한 쌍둥이라는 것이다. 민족적 자신감 회복을 내건 파시즘은 이성 중심주의의 한계가 낳은 부산물이었다. 종교, 특히 일신교 삼형제(유대교, 기독교, 이슬람교)가 되살아난 것도 그런 맥락이다. 의식은 무의식에 압도되고 합리주의는 인간의 불안정함을 달래주지 못하고 있다. 종종 현상황을 극복하는 역사적 상상력을 기르자는 말들을 하는데 결국 미래는 과거에서 찾는 것이 아닐까. 덧붙이자면 수천 년의 시간을 종횡무진하며 현재를 지배하는 제도와 관념들의 기원과 행방을 추적하는 저자의 여정에 동참하다 보면 역시 목걸이를 만드는 것은 구슬이 아니라 꿰는 사람의 힘이라는 것을 떠올리게 된다.

『죄와 벌』

Преступление и Наказание

표도르 도스토옙스키

돈이 빚어낸 인간 욕망의 자화상

왜 죄를 지으면 벌을 받아야 하는가. 범죄로 흐트러진 세상의 질서를 되찾기 위해서다. 부정이나 잘못을 재판해서 형벌을 집행하지 않는 사회는 망할 수밖에 없다. 고대 함무라비법전에서부터 "눈에는 눈, 이에는 이"라는 동해보복同害報復 규정이 들어 있는 까닭이다. 그런데 법률적 제재가 진행되는 와중에 죄인에 대한 동정과 공감이 일어나기도 한다. 희대의 살인마에게 노모와 부인, 아들까지 잃고도 재판장에게 감형을 촉구하는 탄원서를 내고 영치금까지 넣어준 한 가장의 사례가 대표적이다. 그러다 보니 범법 혐의를 받거나 혐의가 확정된 전직 대통령들을 예외적으로 조치해달라는 목소리도 슬그머니 들려온다. 한때 "걸어 다니는 권력", "걸어 다니는 법률"이었던 인물들이 법정에서 송사를 벌이는 것은 국민의 모범이 되기는커녕 최소한의 의무마저 지키지 못했다는 점에서 대단히 언짢다. 특히 전직 "국가원수" 두 명은 "돈" 문제를 일으켰다. 대부분의 악행이 금전에서 비롯된다는 사실을 다시금 절감하는 대목이다.

가난에 쪼들린 지식인의 폭주

돈이 자아내는 인간의 과실과 가책을 근본적으로 다룬 소설이 『죄와 벌』이다. 가난에 쪼들린 대학생이 전당포 노파를 살해하고 죄책감에 시달리다가 몸 파는 여인에게 죄를 고백하면서 구원을 얻는다는 내용이다. 작품이 발표된 1860년대 러시아 사회는 양극화의 시대였다. 배경 도시로 나오는 상트페테르부르크는 늪지대에서 "북방의 베니스"로 호화롭게 변신했지만 그 대가로 수많은 노동자들의 목숨을 앗아 간 공간이다. 도회지의 한편에는 돈을 쌓아놓고 영생을 기원하는 부유한 노파가 있고, 다른 편에는 빛나는 재능을 갖고도 아사 직전에 처한 아이들이 가득하다. 중심인물 라스콜니코프는 "빚의 감옥"에 갇힌 죄수 신세. 학업과 생계는 벼랑 끝에 몰려 있고 설상가상으로 여동생은 돈 때문에 "인질" 신세다. 무슨 짓이든 해야 한다고 마음먹은 그는 사람을 죽여서라도 "빈곤과 퇴폐와 타락과 성병으로부터 수십 가족을 구출해야 한다"는 관념을 정립한다. "최대 다수의 최대 행복"이라는 공리주의의 발상을 행동으로 옮기기 위해 인간을 범인凡人과 비범인非凡人으로 구분한 다음, 자기와 같은 비범인은 세속의 도덕에 구애받지 않고 금지된 행위도 감행할 수 있다며 살인을 긍정한다. 역사에 신기원epoch-making을 만들어 인류에 공헌한다면 나폴레옹처럼 수백만 명을 살육해도 영웅이 될 수 있다는 것이다.

하지만 도끼를 들고 사람을 찍는 순간 라스콜니코프는 인류에서 홀로 떨어져 나온 단절감과 고립감에 빠져든다. 그토록 목매던 돈뭉치도 쓰지 않고 내다 버린다. 방황하던 그는 창녀 소냐를 만나서 자수를 권유받고 시베리아로 유배되는 형벌을 받는다. 흥미롭게도 주인공은 반성하지 않는다. "청동으로 된 육신"을 가지지 못한 범인凡人의 소심함과 어리석음을 계속 탓할 뿐이다. 유형지까지 따라온 소냐의 헌신적인 사랑을 받던 그는 어느 날 모든 인간들이 자기만이 옳다고 맹신하는 병에 걸려 서로 죽고 죽이면서 파멸하는 꿈을 꾸고 대오 각성한다. 권력과 특권으로 모든 것을 정당화하는 나폴레옹처럼 인간에게 어떠한 행위도 허용된다면 이 세상은 종말이라는 사실을 깨닫고 자신을 범죄로 내몬 망집에서 벗어난 것이다.

범죄자를 어떻게 제재할까

실제 『죄와 벌』은 작가 표도르 도스토옙스키가 국사범國事犯으로 처벌받고 빚쟁이에 시달린 생생한 체험담이 녹아 있는 작품이다. 1849년 28세의 청년 표도르는 일종의 반체제 조직 사건에 연루되어 사형대에 섰다. "조준하라."라는 호령에 이어 "쏴." 하는 소리 대신 "사형을 무기로 감형한다."라는 황제 특사의 육성이 들려오면서 죽음의 문턱에서 돌아왔다. 유형지에서 징역 4년과 군대 생활 5년을 겪은 그의 생애는 신산했다. 조강지처가 죽고 형이 죽고 친구가 죽었다. 여러 식구를 부양하면서 빚만 해결할 수 있다면 몇 년이라도 옥살이를 하겠다고 한탄했다. 외국으로 떠난 것도 부채로 인한 공포 때문이었다. 독일에서 돈이 다 떨어져 물과 공기만 마시면서 집필한 소설이 『죄와 벌』이다. 위대한 작품은 고난과 결핍의 산물이라는 공식을 몸소 입증한 셈이다.

　『죄와 벌』을 관통하는 주제의 하나가 공동체를 위협한 범죄자를 어떻게 할 것인가이다. 처벌이나 교화냐, 심판이냐 용서냐의 딜레마다. 살인자 라스콜니코프의 회심은 법적 제재보다 양심의 가책과 같은 내적 제재가 진정한 처벌이라는 교화의 메시지와 호흡을 같이한다. 문명사회가 고문이나 공개처형을 하지 않는 것은 흉악범의 존엄조차 지키고 회복함으로써 그의 잘못을 바로잡고 모든 인간의 존엄성을 되새기기 위함이라는 이스라엘 사학자 유발 하라리의 지적도 같은 맥락이다.

문제는 상처 입은 피해자와 흔들린 정의다. 가해자의 인권만 말하는 것은 공허하다. 피해자의 눈물을 닦아주고 손해를 배상해주는 시정적 조처를 마련해야 한다. 정의를 뜻하는 영어 단어 justice에 재판이라는 의미가 포함되듯이 악인에 대한 심판도 필수조건이다. 불평등한 사회의 결과물일 수 있는 라스콜니코프도 선고가 내려진 이후 시베리아 수형 생활에서 구원을 얻었다. 잘못에 대한 책임을 자각하고 인류 공동체의 일원으로 복귀하면서 살인범에서 새로운 인간으로 거듭난 것이다. 철학자 우치다 다쓰루의 말처럼, 심판을 하지 않고 집행유예부터 강요하면 정의는 실종되고 질서는 엉망이 되고 죄인도 재탄생의 기회를 잃게 된다.

『이방인』

L'étranger

알베르 카뮈

실존주의 문학의 금자탑

"오늘 엄마가 죽었다, 아니 어쩌면 어제였는지 모른다."라는 첫 문장은 "폭탄"이었다. 현대 사회에서 파탄 난 가족관계를 단 한 줄로 집약했기 때문이다. "태양 때문에" 아랍인에게 권총을 쐈다는 주인공 뫼르소의 최후진술은 거센 비판을 양산했다. 전형적인 제국주의자의 시각이라는 것이다. 보수와 진보 양측 모두에 알레르기를 일으켰으니 소설『이방인』의 운명은 제목을 따랐나 보다. 작가인 알베르 카뮈도 철저한 아웃사이더였다. 1957년 44세에 노벨문학상을 수상했지만, 프랑스 식민지 알제리에서 태어났고 고등사범학교ENS의 엘리트 코스를 밟지 않은 그는 파리의 나그네였다. 지금도 그렇지만 작품이 나온 1946년에 주인공 뫼르소가 던진 충격파는 격심했다. 어떤 일에도 무심하고 무감각한 캐릭터는 사이코패스라는 의심마저 들게 한다. 모친을 묻은 다음 날 바닷가에서 만난 여인과 정사를 치르고 따가운 햇살 탓에 사람을 죽이는 행적에는 고개를 저을 수밖에. 인생과 세계의 부조리를 보여주기 위해 살해하는 대상이 왜 아랍인인지 인종차별의 눈총까지 보내게 된다.

그런데『이방인』의 진가는 후반부에 있다. 뫼르소의 재판 과정에서 폭로되는 부조리가 겹겹이다. 검사는 사건과 무관한 사람들을 증인으로 신청한다. 아랍인을 죽인 것은 사소한 사건이기에 무난하게 종결될 수 있었지만, 오히려 어머니의 장례식 전후로 보인 행실과 무신론적 태도로 사형선고를 받는다. 눈물도 안 흘리고 모친의 나이도 모른다는 이유에서다. 변호사가 살인이 아니라 어머니의 장례로 기소된 것이냐고 항변하지만 별무신통이다. 카뮈는 문명사회가 가장 합리적이고 이성적으로 고안한 재판 제도조차 부조리에서 벗어날 수 없다는 것을 일러준다. 재판 결과는 사실^{fact}에 법규^{rule}를 적용한 것이 아니라 당사자들이 제기하는 자극^{stimulus}과 판관의 인성^{personality}이 좌우한다는 지적도 음미할 만하다.

뫼르소에 대한 정신분석학적 해석

왜 뫼르소는 적극적으로 항변하지 않을까. 피고인인 그는 재판 내내 관객으로 일관하면서 변호를 포기한다. 프랑스는 단두대 사형을 1977년까지 집행한 나라다. 광장에서 목이 잘릴 것을 감수할 만큼 생^{生}은 가치가 없는 것인가. 파스칼의 말처럼 인간은 모두 죽음을 선고받았지만 잊은 채 살아가는 사형수다. 반면 뫼르소는 어차피 죽을 바에야 언제 어떻게 죽느냐는 것은 대수롭지 않다고 생각한다. 차라리 죽음의 부조리를 깨닫지 못하는 구경꾼들이 더 많이 와서 자신의 사형을 더 부조리하게 만들어주기를 바랄 뿐이다.

등장인물을 정신분석학적으로 해석하면 뫼르소는 오이디푸스가 된다. 뫼르소를 프랑스어로 풀면 바다^{Mer} + 태양^{Soleil}이다. 칼날처럼 이마를 쑤시는 햇빛은 아버지다. 바다는 어머니^{Mere}와 발음이 같다. 그가 바닷가에 간 것은 어머니의 품으로 회귀하려는 무의식적 행동이었다. 마찬가지로 총을 쏜 것도 사람을 죽이기 위해서가 아니라 "땀과 태양을 떨쳐버리려", 즉 친부 살해 욕망의 변형이다. 따라서 뫼르소가 순순히 사형을 수용한 것도 부친 살해와 모친 사랑에 대한 죄의식을 해소하기 위함이다. 논란을 부른 아랍인 살해 사건도 알제리에서 자란 카뮈가 프랑스의 인종차별을 고발하는 장치로서 배치한 듯하다. 명백한 살인자지만 본국인이기에 용서만 빌었다면 사건은 유야무야됐을 것이다. 인종주의적 편견과 제국주의적 오만이 체질화된 프랑스 법률 엘리트들의 "사법 농단"에 보내는 야유가 가득하다.

운명은 스스로 받아들이는 것

아무튼 죽이려는 마음이 없었지만 죽이게 된 결과는 부조리 그 자체다. 카뮈에게 모든 길은 부조리로 와서 부조리로부터 나아간다. 세상은 모순투성이고 모든 것이 우연으로 이루어질 뿐이지만 인간은 합리적 의미와 질서를 추구한다. 물과 기름처럼 겉돌면서 뒤섞이는 부조리는 숙명적이다. 과연 피할 길은 없을까. 그는 『시시포스 신화』에서 답변을 내놓았다. 비합리성으로 가득한 세계에서 합리성을 열망하는 인간이 선택할 삶의 길은 세 가지다. 우선 자살이다. 부조리한 세상과의 인연을 끊는 것이다. 그러나 자신을 단념하고 부정하는 길이기에 해답이 못 된다. 희망을 갖고 살아가는 것은 어떨까. 종교는 피안을 바라보며 살게 해준다. 그러니 지금 있는 그대로의 세계와는 단절된다. 그렇다면? 반항만이 유일한 해법이다. 깨어 있는 의식으로 인간과 세계 사이에 놓인 부조리를 응시하면서 맞서 싸우는 것이다. "인식으로 소멸되고 멸시로써 극복되지 않는 운명"은 없기 때문에 그 순간 삶의 의미와 목적은 스스로 창조

된다. 희망 없는 일상을 판결받은 인간도 자신의 의지로 감연히 살아갈 때 다시는 자살을 꿈꾸지 않게 된다. 니체 식으로 말하면, 운명은 단념하고 포기하는 것이 아니라 스스로 받아들이는 것이다.

이렇게 보면 카뮈의 반항인은 어른이다. 신이나 사회를 탓하지 않고 자신의 선택과 책임으로 모든 것을 떠안고 패거리를 거부한다. 실제 레지스탕스로 활약한 그는 대독협력자들에 대한 집단 보복을 반대하고 알제리 민족해방투쟁을 옹호하지 않아서 배신자로 낙인찍혔다. 반공 노선을 거부했지만 사회주의도 비판했다. "어떤 현실도 전적으로 합리적이지 않고 어떤 합리도 전적으로 현실적이지 않다"는 그의 중용적 인식은 적폐 청산과 국정 농단을 놓고 극단적 대립이 펼쳐지는 한국 사회에 참으로 유효한 가르침이다. 정의와 절제, 단죄와 관용을 조화시키면서 고독하나 의연했던 그는 우리 시대에 가장 필요한 지식인의 전범이다. 카뮈는 불과 47세에 교통사고로 숨졌다. 평소 자동차 사고로 죽는 것보다 더 부조리한 죽음은 없다고 말했던 그다운 최후였다.

03

『순교자』

김은국

한국계 최초의 노벨문학상 후보

한국전쟁은 "38선이라는 시험문제를 풀지 못한 한민족에게 내린 심판"이라고 사상가 함석헌은 탄식했다. 반만년 역사에서 환난과 실패를 그만큼 겪고도 하나가 되지 못한 민족은 쪼개고 나누다가 골육상잔을 치렀다. 전쟁이라는 한계상황은 사람을 부조리의 극단으로 밀어붙인다. 악의 집결처인 전쟁터에서 믿음은 깨어지고 진실은 희생된다. 진짜는 가짜로, 풍문은 사실로 뒤바뀌면서 악은 번창일로다. 겉과 속이 다른 위선을 감추기 위해 거룩한 영웅들을 조작하는 일도 다반사다. 노벨문학상 최초의 한국계 후보인 김은국은 소설 『순교자』에서 진실과 허위 가운데 무엇을 선택할지 고뇌하는 양심을 형상화한다. 장교로 6.25에 참전했던 작가는 목사였던 외조부의 순교 사건 등을 다루면서 신과 인간을 날카롭게 대립시킨다. 권선징악과 파사현정은 신의 약속이지만 실제 전쟁은 부조리 일색이니 말이다. 하느님의 의미와 인간의 가치를 질문하는 작가에게서 도스토옙스키나 카뮈의 향기를 맡는 것은 자연스럽다.

전쟁은 흑백논리의 세계

소설의 배경은 1950년 10월 하순, 국군이 점령한 평양이다. 대학에서 인류문명사를 강의하다 입대한 주인공 이 대위는 목사 열네 명이 잡혀갔다가 열두 명이 살해된 사건의 진상을 규명하는 임무를 맡는다. 생존자 중 한 명은 미쳤고 한 명은 묵묵부답이다. 군 당국은 죽은 이들을 순교자로 부각하고 생존한 신 목사는 영웅으로 만들어 선전전에 활용할 방침이다. 그러나 생포한 인민군 소좌가 전한 진상은 추악하다. 순교는커녕 다들 신을 부정하고 죽었으며 신 목사는 당당해서 살려줬다는 것이다. 국가와 교회를 위한다는 명분으로 순교자 프로젝트는 계속 진행되지만 담당자인 이 대위는 진실 규명만을 주장한다.

뜻밖에 신 목사가 스스로 배교자를 자처하고 죽은 목사들을 순교자로 치켜세우며 희생양이 된다. 실제로 신 목사는 평생 신을 찾았으나 불쌍한 인간밖에 발견하지 못한 불신자不信者. 전쟁을 겪으면서 희망과 정의가 사라질 때 동물로 변하는 인간을 보고 나서 거꾸로 신의 약속을 들려줘야 한다며 입장을 바꿨다. 끝까지 평양 잔류를 고집한 신 목사를 남겨두고 퇴각한 이 대위는 부산에서 그에 관한 후일담을 듣게 된다.

『순교자』의 세계를 관통하는 사고는 이분법이다. 인간과 신이 대립하고 종교와 정치가 반목한다. 기독교와 공산주의가 충돌하고 진실과 허위는 평행선이다. 안과 밖의 경계는 삼엄하며 피아 식별이 우선이다. 생존을 위한 살육이 정당화되는 전쟁 시기에 흑백논리만큼 유효한 인식론은 없다. 그러나 진영 구분은 파편적 세계 이해에 불과하다. 부분으로 전체를 옹호하려다 보니 줄줄이 자기모순이다. 아군이 내세운 "순교자" 열두 명(마치 예수의 12사도처럼) 가운데 실제 순교자는 단 한 명도 없다.

정보국의 진실 추적은 진실 감추기로 변신했다. 총구에도 꺾이지 않은 신 목사가 오래전부터 신을 부정해왔고, 있는 그대로 "돌직구"만 날리던 이 대위도 군사보안 앞에서는 "아리랑 볼"이다. 성직자부터 군인까지 모든 등장인물들이 갈등하고 분열한다. 사람과 국가를 위한다는 명분으로 포장된 이들의 행태는 ABC 담론을 상기시킨다. 군대^{Army}, 공산당^{Bolshevik}, 기독교회^{Christ}는 공통적으로 상의하달의 획일적 조직이며 위계적 구조다. 단일한 가치와 믿음을 따르지 않을 때는 반역, 반동, 이단으로 몰린다. 무엇보다 대립하는 주장과 의견에 대한 관용의 자세가 모자라기에 타협보다는 대결로 문제를 해결하려는 특성이 강하다. 더욱이 전쟁 같은 극한 조건에서 이들의 분열과 모순은 더욱 극명하게 표출된다.

신 없이 버티는 인간

이처럼 친구 아니면 적이라는 양극화된 세계에서 인간은 어떻게 살아야 하나. 작가가 매달리는 동아줄은 환상이다. 신 목사의 입을 빌려 "절망에 대항해서 희망을 가져야 한다." 죽음의 공포로 벌벌 떠는 신도에게 천국을 약속하는 일은 진실보다 소중하다. 이런 관점에서 참과 거짓을 구분하려는 이 대위의 작업은 허망한 열정이다. 신의 유무나 진위를 따지는 것보다 당장 피 흘리고 공포에 질린 인간을 사랑하는 일이 더 중요하기 때문이다. 세계가 무의미하다고 냉소하기보다는 바로 그런 상태에 있기 때문에 인간은 스스로를 지탱할 그 무엇인가를 찾아 세워야 한다고 전쟁을 겪은 "늙은 청년"들은 이야기한다. 레지스탕스 카뮈의 말마따나 부조리의 포도주를 마시고 무관심의 빵을 먹는 것이 사람이지만 그래도 싸워나

가려면 사랑이 필요하다. 항상 사람들과 거리를 두어왔던 이 대위가 결말 부분에서 홀가분한 마음으로 난민들과 섞이는 것은 안팎의 이분법이 허물어지는 것을 시사한다. 평양과 부산, 진리와 거짓, 정치와 종교, 개인과 세계를 둘러싼 대립항들이 해체되어 하나가 된 것이다. 물론 앞으로도 현실에서는 전쟁과 같은 부조리한 사건·사고가 그치지 않을 것이다. 여전히 악인은 잘 살고 선인은 고단한 일상을 되풀이할 것이다. 허무와 좌절로 가득한 세계에서 인간은 신을 불러낼 수밖에 없다. 그럼에도 먼저 인간은 살아가야 한다. 신 없이 혼자서라도 우선 버텨야 하는 것이 인간의 실존적 조건이다. 『순교자』의 프랑스판 제목이 『신은 거부되다』이고, 작가가 실존주의자 카뮈에게 책을 헌정한 것도 이런 이유에서가 아닐까.

04

『**파우스트**』

Faust

요한 볼프강 폰 괴테

신본주의에서 인본주의로의 전환

영혼을 팔고 젊음과 재능을 얻는다는 TV 드라마를 접하고 고개를 갸웃했다. 아니나 다를까, 원작이 『파우스트』다. 19세기 독일에서 는 학자가 건설자로 변신했지만 "한류"의 나라에서는 늙은 무명 가수가 히트곡을 양산하는 천재 작곡가로 바뀐다. 특별한 인간이 되려면 가장 소중한 것을 내놓아야 한다는 이야기는 예로부터 흔했다. 21세의 젊은 괴테는 우연히 듣게 된 영아 살해 사건을 민담에 나오는 악마와의 계약에 접목했다. 자신이 낳은 아이를 죽이고 정신이 이상해져 감옥에 간 하녀 이야기에 착안하여 60년에 걸쳐 집필한 인생작이 희곡 『파우스트』다. 극작가뿐만 아니라 소설가, 시인으로 종횡무진 활동하던 괴테는 문호의 테두리마저 넘어섰다. 색채학과 해부학에 기여한 과학자이자 바이마르 공국의 재상으로 활약하는 등 진짜 "명함"이 무엇인지 알 수가 없다. 별이 홀로 빛나지 않듯이 18, 19세기 독일은 천재의 세기였다. 철학의 칸트, 음악의 베토벤, 문학의 실러는 괴테와 어깨를 나란히 한다. 당시 영방국가로 분열만 거듭하는 독일의 척박한 현실을 잊기 위해 내면의 세계로 망명한 이들 덕분에 학문과 예술의 옥토가 일구어졌다. 특히 독일어를 다듬은 괴테가 "하나의 독일"을 뒷받침한 모태가 됐다는 것은 두말할 필요도 없다.

파우스트는 구약성경의 신 연상

통일의 접착제가 된 『파우스트』는 대략 2부로 구성된다. 비극의 주역 파우스트는 세상을 모조리 알고 싶지만 자신이 아는 것이 없다는 사실만 확인하고 환멸에 빠진 박사다. 방황하는 파우스트를 두고 신과 내기를 한 악마 메피스토펠레스는 그에게 새로운 삶을 시작하라며 거래를 제안한다. 악마를 하인으로 맘껏 부리되, 파우스트가 "순간아 멈추어라, 그대는 정말 아름답구나."라고 말한다면 영혼은 메피스토펠레스의 차지가 된다는 계약이다. 생자필멸의 법칙을 따르는 악마는 창조 자체가 인간에게 고통과 죄악이라고 여긴다. 어차피 사라질 것인데 왜 태어났느냐는 이유에서다. 그렇기에 악의 세계에서는 시간이 존재하지 않는다. 생명의 탄생과 발전을 부정하는 무無의 영역에서는 시간의 경과로만 가능한 인간의 변화와 성장은 부인된다.

반면에 파우스트가 계약을 한 이유는 쉼 없는 자신의 노력에 스스로 브레이크를 걸 일이 없다는 확신이 있어서다. 미국 학자 마셜 버먼은 『현대성의 경험』에서 파우스트의 변모를 구약의 신과 신약의 신 사이의 차이로 분석한다. 말씀의 세계에서 행위의 세계로 넘어가는 파우스트는 쉬지 않는 행동으로 인간됨을 증명하는데 이것은 하늘과 땅을 스스로 창조하여 신성을 증명한 구약의 신을 연상시킨다는 것이다. 신적 차원으로 올라가려는 그에게 안식과 향유의 시간은 사탄의 노예살이나 진배없다. 드디어 파우스트는 "시간의 여울과 사건의 소용돌이 속으로" 떠나는 여정에 메피스토펠레스와 동행한다. 둘의 첫 행선지는 라이프치히의 지하 술집이다. 알코올에 젖은 속인들의 "음향과 분노"를 체험하고 이어 젊음을 되찾은 파우스트는 순결한 처녀 그레트헨을 유혹하여 파멸시키는,

이른바 시민 사회가 제시하는 욕망의 문법에 충실하다. 다음 순서는 궁정 사회의 예법이다. 황제의 궁성으로 간 파우스트는 메피스토펠레스가 불러낸 미의 표상 헬레네와 고전적 이상향에서 단꿈을 누리지만 오래가지 못한다. 최종적으로 파우스트는 행위가 전부라는 결론에 도달하고 근대적 신세계를 건설하기 위해 간척 사업을 시작한다. 그 과정에서 노부부의 생명을 빼앗고도 멈추지 않는 파우스트의 욕망은 자신이 이뤄낸 유토피아의 공간을 상상하는 순간 "멈추어라."라는 감탄과 함께 마침표를 찍었다. 득의양양한 메피스토펠레스가 그의 영혼을 가져가려는 찰나, 천사와 여인들이 나타나고 파우스트는 구원받는다.

인류의 대적大敵은 희망과 두려움

따지고 보면 명백한 계약 위반이다. 왜 괴테는 룰을 깼을까. 독문학자 주일선에 따르면, 괴테는 희망과 두려움을 인류의 가장 큰 적으로 봤다. 맹목적으로 추구하는 희망은 폭력으로 바뀌기 십상이고 두려움은 행동을 주저하게 만들어 인간의 성장을 훼방 놓는 탓이다. 비록 파우스트는 죄를 짓는 방황을 했지만 그의 삶은 중단 없는 행동의 연속체였다. 사람됨을 입증하는 것은 "상처 없는 영혼"이 아니라 시행착오를 겪은 상처투성이의 영혼이다. 그렇게 본다면 파우스트의 구원은 신도 악마도 아닌, 오롯이 그 스스로 창조한 셈이다. 괴테는 매일 잘못과 실수를 반복하는 인간도 행동을 통해 자발적으로 생生을 형성할 수 있다는 격려를 작품을 통해 보내고 있다. 일찍이 꼬마 괴테는 수만 명이 목숨을 잃은 리스본 대지진이 신의 섭리인지 묻는 어른들에게 "창조주가 아무리 큰 시련을 내리더라도 서로를 도우려는 인간의 협력은 막을 수 없을 것"이라고 답했다. 종교적 결정론에서 벗어나 어떤 운명도 하기 나름이라는, 인간은 그렇게 어른이 되어간다는 조숙한 예지에 허리를 굽히고 싶다.

05

프란츠 카프카

『변신』

Die Verwandlung

소외와 고독의 대명사

요즘은 벌레들의 시대다. "한남충", "설명충", "진지충", "맘충" 등 집단과 개인을 곤충처럼 취급한다. 불쾌한 상대를 모욕하는 증오 표현으로 여겨지지만 소외감의 반영으로도 보인다. 제4차 산업혁명의 물결에 휩쓸려 갈지 모른다는 공포와 위협이 야기하는 무력감과 좌절감의 산물이라는 것이다. 100여 년 전도 비슷했다. 비행기와 자동차가 나오고 전화기와 축음기가 보급되면서 사람은 세계를 총체적으로 지각하기가 힘들어졌다. 국가기구의 확대와 독점적 자본의 등장은 관료제를 전면적으로 출현시키면서 인간의 왜소화를 가져왔다. 시대적 변화를 따라잡지 못하는 개인은 분열되면서 스스로를 생판 낯선 타인으로 느끼게 된다.

　　프란츠 카프카의 『변신』은 그 낯섦을 인간과 동물의 경계 파괴로까지 밀어붙이는 충격적 작품이다. 성실하고 멀쩡한 세일즈맨이 눈을 떠보니 벌레로 둔갑했다는 설정은 주체로서의 인간에 대한 가장 급진적이고 극단적인 모멸이다. 코페르니쿠스 혁명과 다윈주의 그리고 프로이트 정신분석학이 휴머니즘을 업신여기고 자아를 무력화했지만 카프카적 변신은 동물과 인간, 자연과 문화, 충동과 이성의 경계마저 해체한다는 점에서 가장 충격적인 형태라는 것이 독일 학자 게르하르트 노이만의 지적이다.

집안의 기둥은 어느새 괴물로

『변신』은 섬뜩한 경험이다. 평범한 독신남 그레고르 잠자는 눈을 떠보니 자신이 흉측한 해충으로 바뀐 것을 알게 된다. 영업사원으로 새벽 다섯 시 기차를 타야 하는데 벌레로 뒤집힌 몸뚱이를 일으킬 수도 없고 말을 하기도 힘들다. 결근을 따지러 찾아온 회사 지배인은 그의 업무 태도와 실적을 비난하고 발끈한 잠자가 모습을 드러내는 순간 일대 소동이 벌어진다. 벌레가 된 잠자는 가족 누구의 이해와 동정도 받지 못하고 방 안에 유폐된다.

생활비를 버는 잠자가 없으면 큰일이 날 것 같았던 가족은 모두 일자리를 찾아 가계는 무탈하다. 어느 날 생계에 보태려고 받아들인 하숙생들이 잠자의 존재를 알게 되고 손해배상까지 운운하자 여동생은 "저것"에서 벗어나자고 분노를 폭발한다. 한때는 집안의 기둥에서 괴물로 급전직하한 그는 가족에 대한 감동과 사랑의 마음을 회상하다가 숨을 거둔다. 아무도 신경 쓰지 않는 사체는 파출부 할멈이 알아서 치우고 가족들은 그동안의 마음고생을 달래러 교외로 나들이를 간다.

카프카의 "위장된 자서전"이라는 평가까지 받는 『변신』은 가장 일차적인 가족 관계조차도 이해타산의 논리로 움직이는 현실을 폭로한다. 표피적 현상 밑에 숨겨진 진상은 동물의 세계에 다름 아닌 것이다. 그런데 하고많은 생명체 중에서 하필이면 벌레로 변신했는가. 생물학적으로 곤충은 무척추동물이다. 기어 다니며 탈바꿈을 한다. 벌과 개미 같은 부류들은 철저하게 조직을 위해 일하면서 분업화되어 있다. 자신의 노동으로부터 분리되고 오히려 지배를 받는, 즉 소외된 현대인의 초상이 아닌가. 가족을 부양하는 데만 열중했던 잠자의 삶은 자본주의 사회에서 일벌레에 불과하다.

"허구한 날 출장을 다니고", "매번 바뀌는 만남과 피상적 교류" 등등에 진이 빠진 그는 변태하는 곤충처럼 탈바꿈할 수밖에 없다. 새벽 열차를 단 한 번이라도 놓치면 근무 태만과 횡령 혐의를 씌우는 조직의 위력 앞에서 자아는 사라지고, 남은 것은 키틴질의 비인간화된 껍데기일 뿐이다.

어떤 선택이든 출구 없는 터널

반대로 오히려 벌레가 된 것에서 무력하고 무의미한 일상을 초월하려는 역설적 소망을 읽어내기도 한다. 꿈은 억압된 소원의 위장된 실현이라는 프로이트의 논지를 빌리면, 잠자의 변신은 "악마가 모든 것을 다 가져가기를" 바랄 만큼 끔직한 현실에서 벗어날 유일한 출구다. 이윤과 희생을 강요하는 회사와 가정에 맞선 잠자의 무의식적 방어기제가 해충(!)으로의 존재 변환을 가능하게 한 것 아닌가. 자아를 지키기 위해 내면의 수성獸性을 전면적으로 내세운 것이 변신의 동기로 유력하다. 유독 벌레가 된 것은 그동안의 압박과 모욕을 감내하기 위해서 갑각질의 딱딱하고 단단한 외피가 불가피했던 까닭이다.

　　그러나 외부의 강제든 초월적 소망이든 변신한 잠자는 출구 없는 터널에 갇혔다. 사회의 "일벌레"에서 벗어났지만 가정의 "밥벌레"로 전락한 것이다. 진실한 만남과 인간적 소통을 사회적으로 거절당했던 그는 가정에서도 냉대와 고립으로 단절되면서 결국 "아무도 관심 없는 자의 죽음"으로 끝을 맺는다. 무엇을 선택하든 파탄에 빠질 수밖에 없는 현대의 암울한 징조를 "시대의 지진계"처럼 포착한 카프카에게 비상구는 있었을까. 전체주의의 도래와 관료제의 지배를 두려워하며 신경쇠약에 시달렸지만, 장편掌篇 「밤에」에서 그는 파수꾼으로서의 작가적 소명을 다짐한다. 하지만 어둠을 쫓고 인간을 찾으려는 카프카의 예언은 반향을 얻지 못했고 결국 세계는 파시즘과 나치즘의 파국으로 치달았다.

귀스타브 플로베르

『마담 보바리』

Madame Bovary

낭만주의에서 사실주의로의 전환

환상에서 깨어날 때가 가장 괴롭다. 사랑한 연인이 속물 덩어리이고 존경한 스승이 위선투성이로 드러나는 경우 대체로 환멸을 느낀다. 몇 년 사이 이른바 "사회지도층"을 둘러싼 베일이 걷히면서 환멸감은 극에 달하고 있다. 거꾸로 믿었던 인사가 그럴 리 없다는 반발심에서 사실과 다른 "가짜 뉴스"에 의존하고 "음모론"에 중독되기도 한다. 선진국도 사정은 다르지 않다. 미국이야말로 사실이나 실제가 별반 중요하지 않다는 탈^脫진실^{post-truth} 사회의 진원지다. "진리는 모든 것이 환상이라고 믿게 만드는 환상"이라는 식의 상대주의적 사고가 확산되면서 사실과 허구의 구분이 모호해지고 가상의 현실화가 조장되고 있다.

그러나 꿈은 현실을 이기지 못한다. 미래를 기대하거나 과거에 집착하는 것은 현재를 속이는 거짓에 불과하다. 『마담 보바리』는 환멸에 관한 책이다. 환망공상^{幻妄空想}에 갇힌 시골 여자의 삶이 파탄으로 끝나는 이야기를 집도의가 환부를 절제하는 것처럼 가차 없이 기술한다. 낱낱이 해부된 당대의 풍속은 불편하고 황량하다. 그래서 작품이 발간된 1857년 작가 귀스타브 플로베르는 간통을 미화한 혐의로 기소됐다. 같은 해에 시인 샤를 보들레르의 『악의 꽃』도 비슷한 이유로 법정에 섰다. 돈과 연줄이 있던 플로베르는 "유전무죄", 빈털터리였던 보들레르는 "무전유죄"였다. 게다가 『마담 보바리』를 비난했던 검사는 뒷날 직접 음란물을 써서 주변에 돌렸다고 한다. 환멸을 다룬 소설답게 다시금 "내로남불"을 자아내는 대목이다.

시골 의사 부인의 간통극

3부로 구성된 소설은 검사의 공격처럼 시골 의사의 아내가 저지른 간통극이다. 1850년대 프랑스 사회가 이혼을 허용하지 않았던 만큼 불륜은 만연했고 대중적인 소재였다. 왜 간통이었을까. 무엇보다도 간통은 환상과 현실을 극명하게 나눈다. 무딘한 남편과 딸을 둔 범속한 유부녀가 소설의 여주인공으로 새롭게 태어나려면 애인을 둬야 한다. 반전은 불륜의 일상화다. 간통도 지속되면 부부 관계처럼 흥미와 긴장을 잃게 된다. 머릿속에 심어진 낭만적 욕망을 현실에서 구체화하려는 것은 무모한 시도이며 흔히 비극을 불러온다. 연애소설의 주인공을 모방하려는 욕망을 자기의 진짜 욕망이라고 착각하는 일은 거짓의 삶이기에 파괴될 수밖에 없다는 것이 『마담 보바리』에 담긴 "소설적 진실"이다.

작품은 보바리 부인의 남편 샤를이 도회지 중학교에 들어가는 장면에서 시작한다. 평생 돈 쓰기가 주특기인 아버지와, 아들에게 모든 것을 거는 어머니는 우리에게 익숙하다. 간신히 속성 의사가 됐지만 일종의 사기결혼을 하게 된 샤를은 왕진을 갔다가 처녀 엠마를 만나고 부인이 죽은 뒤 그녀와 재혼을 한다. 평온한 일상에 만족하는 "닥터 보바리"와 달리 "마담 보바리"는 행복하지 않다. 수녀원 학교에서 읽었던 연애담과 같은 감정이 느껴지지 않아서다. 아내는 몽상가고 남편은 둔감하다. 불문학자 김화영에 따르면 보바리가 프랑스어로 "소^{bovin}", "외양간^{bouverie}"과 비슷한데 어리석은 부부를 비유하는 듯하다.

욕망의 렌즈로 현실 왜곡

남편에게 실망한 엠마는 뭔가 사건을 기대한다. 새로 이사한 곳 용빌은 마담 보바리의 모험이 시작되는 공간이다. 공증인 사무실의 서기인 청년 레옹은 말벗이 되어준다. 그러나 소심한 레옹은 고백할 기회를 찾지 못하고 파리로 떠난다. 마담 보바리는 일상의 권태와 불만에 시달리다가 신부를 만나러 가지만 동문서답에 막혀 가슴은 답답해져만 간다. 그러던 중 바람둥이 로돌프를 만나서 불륜에 빠지게 된다. 속이 빤히 보이는 로돌프의 말과 글을 왜 엠마는 한 치의 의심도 없이 믿을까. 순진해서가 아니라 욕망의 렌즈로 현실을 굴절시켜서 보기 때문이다. 운명 탓을 하며 떠나간 로돌프를 대신한 인물은 플라토닉러브로 그쳤던 레옹이다. 수도 파리의 세례를 받은 레옹은 시시한 "촌구석 여인"에게 자신감을 갖고 대담한 밀회를 계속한다. 엠마의 사치와 낭비는 가계를 벼랑 끝으로 밀고 간다. 결국 비소를 입에 털어 넣은 그녀는 숨을 거두고, 얼마 뒤 남편도 죽고 홀로 남은 딸아이는 가난한 친척 집에 보내져 방직공장에서 일하게 된다.

환상을 통해서 보는 현실은 불만 그 자체다. 이것보다 저것을 갖고 싶고 이곳이 아닌 저곳을 가고 싶다. 괴롭고 외로운 나날의 연속이다. 그렇게 일상에 금이 가다 보면 "빗물받이 홈통이 막혀 집안의 테라스가 연못을 이루게 되는" 것처럼 생활은 붕괴된다. 낭만을 추구한 엠마는 어린 딸을 공장에서 일하는 신세로 전락시켰다. 상상과 현실을 분간하지 못하게 하는 사회는 그래서 위험하다.

모두가 자유롭고 평등하다는 대혁명의 약속은 학교도 가지 못하는 고아 소녀의 결말로 공염불이 되었다는 것을 작가는 환기시킨다. 4.19부터 촛불혁명까지 끈질긴 분투에도 오히려 갈수록 양극화로 치닫는 우리 사회 또한 19세기 중엽 『마담 보바리』의 세계와 오십보백보가 아닐까.

『1913년 세기의 여름』

1913 Der Sommer des Jahrhunderts

플로리안 일리스

혼돈과 혼란에서 만개하는 예술

여름은 역사의 화약고와 같다. 우리 역사나 세계사를 돌아보면 온도계가 올라갈 때 전쟁은 빈발했다. 6.25나 제1차 세계대전이 그러하다. 뜨거운 햇볕 때문에 사람을 죽인 『이방인』의 뫼르소처럼 무더위는 집단이나 국가의 광기를 빚어내는지도 모른다. 하지만 한여름을 거쳐야만 과육은 여무는 법이다. 전쟁이 일어나기 1년 전, 유럽은 문학, 회화, 건축, 디자인 등 무수한 문화·예술 분야에서 백화제방百花齊放의 시기였다. 독일의 문화사가인 플로리안 일리스는 『1913년 세기의 여름』이라는 책에서 전쟁에 대한 예감과 공포 속에서도 역동과 활력이 넘치는 예술가와 지식인을 낱낱이 보여준다.

당시 호전적인 사회 분위기 속에서 불길한 징조를 느낀 감수성은 예민하게 반응한다. 《푸른 말》로 유명한 화가 프란츠 마르크는 성난 야수를 담은 《늑대들》이라는 섬뜩한 작품을 그렸다. 역사학자 오스발트 슈펭글러는 『서구의 몰락』을 쓰면서 모든 것이 종말을 향해 가고 있다는 두려움을 표출했다.

저자는 100년 전 유럽 문화의 본질을 구현한 도시로 오스트리아의 수도 빈을 꼽는다. 모든 길은 빈으로 통하고 빈에서 나왔다. 파리, 베를린, 런던의 유명인사도 빈에서는 "톰"과 "제인"이었다. 정신분석학자 프로이트, 화가 구스타프 클림트와 에곤 실레, 현대음악의 아버지 쇤베르크, 건축가 아돌프 로스, 철학자 비트겐슈타인⋯⋯. 괴물도 있었다. 24세의 젊은이 히틀러는 수채화를 그리다가도 정치 토론만 벌어지면 고래고래 소리를 질렀다.

인물이 많다 보니 스캔들도 허다했다. 프로이트 박사는 "샤일록"의 정신을 살려서 친구인 음악가 구스타프 말러가 죽은 뒤 유족에게 함께 산책한 시간도 진료비로 청구했다. 수제자로 생각했던 칼 융과는 모든 인간관계를 청산하자는 절교장을 주고받았다. 숫자에 대한 징크스에 시달린 쇤베르크는 13을 병적으로 싫어했다. 1913년을 맞아 공포를 느낀 그의 불안감은 현실로 나타났다. 그해 봄 연주회에서 지휘자로 나선 쇤베르크에게 청중은 야유를 퍼붓고 심지어 한 사람은 무대에서 따귀까지 때렸다.

천재들이 인정하는 천재인 비트겐슈타인도 대학생이던 이해 여름방학에 20세기의 가장 중요한 저서 중의 하나인 『논리철학논고』를 쓴다. 나중에 이 책을 박사논문으로 심사하던 원로 교수들이 횡설수설하자, 그는 오히려 심사위원들의 어깨를 두드리며 심심한 위로를 전했다고도 한다.

그 운명의 해에 빈에는 러시아의 혁명가 트로츠키와 스탈린도 잠시 같이 있었다. 생활고에 짓눌리던 트로츠키는 하루 종일 카페에서 체스를 두면서 빈의 "타짜"가 됐다고 한다. 스탈린은 하숙집의 보모를 유혹하려다 실패하고 동지인 부하린이 성공한다. 나중에 스탈린은 부하린을 스파이 혐의로 처형한다. 믿거나 말거나 질투의 씨앗이 이때 심어진 것은 아닐까.

공교롭게도 전쟁의 예감에 사로잡힌 유럽의 지성과 감성, 그리고 혁명가들은 가장 뜨겁고 열정적인 여름을 보내면서 현대의 서구 문화를 잉태했다. 전전戰前의 혼돈 속에서 질서를 만들어낸 것이다.

08

『「도련님」의 시대』

「坊っちゃん」の時代

다니구치 지로,
세키가와 나쓰오

근대에 좌초된 개인들

지금이 최악의 격동기라는 인식은 유사 이래 변함없는 진실이다. 오늘은 매번 버겁고 내일은 늘 불확실하다. 북핵 위기가 물러나나 했더니 경제 위기라는 파도가 밀려온다. 행복해지기 위해 인류가 수천 년 동안 피땀을 흘린 결과가 고작(!) 지금의 세계인지 아득한 심정이다. 글로벌 지구촌에서 민족과 종교 간 갈등은 더 만연하고 자본이 약속한 풍요는 양극화로, 자유는 고립감을 한층 조장하는 역설이 펼쳐지고 있다.

선의가 악행으로 탈바꿈한 근저에 근대가 있다. 근대야말로 현재의 삶을 짓누르는 난제들의 출발점이다. 『「도련님」의 시대』는 일본의 국민소설가 나쓰메 소세키를 프리즘으로 내세워 "저팬Japan"을 만든 메이지 시대를 들여다보는 극화다. 『고독한 미식가』의 다니구치 지로가 그림을, 세키가와 나쓰오가 대본을 맡아 장장 10여 년에 걸쳐 다섯 권으로 완성됐다. 우리 역사에 결정적인 영향(악영향)을 끼친 메이지 시대가 현대 일본의 원형질을 형성한다는 측면에서도 흥미로운 작품이다.

"혹독한 근대 및 생기 넘치는 메이지인"이라는 부제처럼, 새로운 소설을 구상하는 나쓰메 소세키의 창작 과정을 실마리로 당시를 살아간 지식인(도련님)들의 고뇌와 대응이 펼쳐진다. 러일전쟁에서 승리한 일본이 군국주의에 가속도를 올릴 때, 구시대의 도련님들은 애인에게 버림받고 시대에도 뒤처진다. 본래 세상 물정에 어두운 도련님이 현실에 지는 것은 당연하다. 죽어서 국민시인으로 추앙받는 이시카와 다쿠보쿠도 마음 내키는 대로 "지르면서" 가족과 친지를 고생시키다 요절했다.

그럼에도 시대를 이기려면? 혁명의 길을 걷는 것이다. "아담이 밭을 갈고 이브가 실을 잣는 시대에 귀족이 있었던가."라는 구호를 외치며 경찰과 대립하는 일본 사회주의자들의 시위는 인상적이다. 군사문화가 확산되는 만큼 반체제 풍조도 물결치는 것이다. 투사가 된 도련님들은 메이지 일왕을 암살하려는 "대역 사건"으로 나아간다. 핼리혜성이 찾아온 1910년 무정부주의자인 고토쿠 슈스이를 주범으로 해서 열두 명이 밤하늘의 유성우처럼 사라졌다.

대역 사건이야말로 침소봉대의 전형이며 이후 일본 제국주의와 한반도에서 일어난 온갖 조작 사건의 장본인이다. 당시 일본 권력층은 조잡했던 암살 모의를 전국적 조직 사건으로 확대시키면서 사회주의의 싹을 깡그리 뽑아버리려고 작정했다. 즉 일본의 근대는 서로 알지도 만나지도 못한 사람을 엮어서 일종의 "사법살인"을 자행한 것이다. 이 혹독한 폭력과 억압에 순응했던 일본 국민들은 끝내 비참한 몰락과 파국을 맞게 된다. 부국강병을 모토로 출발한 일본적 근대는 폭주기관차처럼 맹목적으로 내달렸고 그 변화의 속도에 적응하지 못하면 시인이든 혁명가든 예외 없이 도태됐다. 지금 또한 근대가 낳은 한반도 냉전 구조의 해체와 주기적 경제 위기의 도래로 대변혁이 일어나고 있고, 바로 이 지점에서 100년 전 일본 도련님들의 발자취가 이곳에 사는 우리와 교차하게 된다.

09

『인연』

피천득

국민수필가가 보여준 한국인의 거울

황금돼지해를 맞아서도 늘 세계는 우여곡절을 거듭하고 파란만장하다. 한반도를 둘러싼 나라들의 권력정치power politics는 여전하고 사법농단은 삼권분립과 법치주의를 의심하게 한다. 그러나 김정은-트럼프의 핵단추 회담이나 박근혜-양승태의 짝짜꿍 재판이 삶을 흔들지라도 일상은 계속되고 지속되어야 한다. 매일 범사에 충실한 생활은 얼핏 무기력하고 무능력한 것 같지만 작고 하찮은 일에서 우리는 현실감과 행복감을 채워갈 수 있다. 보잘것없는 믹스커피 한 잔이 어려운 시간을 버티게 하고, 값싼 립스틱 하나가 팍팍한 사회생활을 달래준다. 작지만 소소한 행복을 추구하는 삶, 이른바 "소확행"이 사람들의 마음을 사로잡는 이유인가 보다.

피천득의 수필집 『인연』은 소확행의 천국이다. 보통 사람들이 겪는 작고 평범한 사건과 감정들이 가득하다. 피씨라는 희귀성을 설명하면서 조상들이 모母씨 대신 피皮씨를 선택한 자부심에 재기가 넘친다. 5월의 신록을 보면서 20대 시절 사랑 혹은 실연한 고통을 절절하게 대비한다. 전화를 잘못 걸었다며 "미안합니다." 하는 젊은 여인의 목소리에서 활기를 느끼고 못 마시는 술일망정 포도주의 색깔을 감상하느라 카페에서 술을 시켜본 경험담도 흥미롭다. 국민수필로 불릴 만한 「인연」은 세 번에 걸친 아사코와의 만남을 담담한 목소리로, 그러나 아쉬움의 배음을 깔면서 들려준다. 그리워하면서도 못 만나거나 안 만나게 되는 삶의 배리背理는 누구나 한 번쯤 경험하는 일이기에 두터운 공감대를 형성하는 듯하다.

무엇보다 가슴에 육박하는 글은 「그날」과 「엄마」다. 일곱 살에 아버지를 여의고 열 살에 어머니를 잃은 소년 피천득은 "울었다"는 단어 하나로 모든 슬픔과 상실감을 집약한다. 혼자 집을 나갔다가 혼나고, 숨바꼭질을 하면서 눈앞에 아들을 보고도 못 찾는 "답답한" 엄마를 이해할 수 없었다는 문장에는 눈물이 고여 있다. 그래서 "작은 것이 아름답다"는 명제는 피천득의 수필에서 "참"으로 증명되는 듯하다.

누구나 큰 것만을 위해 살 수는 없으며 인생은 오히려 작은 것들이 모여 이루어진다고 작가는 나직하고도 깊게 말한다. 문제는 일상적이고 사소한 것들에 대한 경사傾斜가 사회와 역사에 대한 경시輕視로 이어질 위험이다. 이동하 교수의 지적처럼 「가든파티」를 읽으면 작가가 이른바 선진국, 서양, 여왕, 즉 큰 것 앞에서 주눅이 들다 못해 문화 사대주의로 가는 것 아닌가 하는 인상마저 받게 된다. 영국 여왕의 생일잔치를 기념하는 대사관 파티에서 일종의 자격지심과 소외감을 느낀 작가는 평생 영문학을 가르쳐왔고 딸이 여왕을 좋아하니까 참석할 자격이 충분하다고 이해할 수 없는 자기변호를 한다. 도산 안창호의 모자와 단장을 이용해서 "반사적 광영"을 누리려 하거나 삼일절에 실크해트를 쓰고 싶은 충동 등은 현실 인식이나 역사의식에 아쉬움을 갖게 만든다. 그럼에도 『인연』은 행복이 그렇게 멀리 있지 않다는 것을 알려주는 "파랑새"다. 어둡고 무거운 시대를 살아오면서도 사소한 일상을 통해 우리의 내면을 들여다보게 만든 피천득은 "한국인의 거울"이다.

10

『한국 문단사 1908~1970』

김병익

에피소드에 담긴 시대의 진실

개인적으로 역사보다 신화에, 정사보다 야사에 눈길이 쏠린다. 사건의 배경 설명background briefing을 듣는 즐거움도 있지만 누군가의 상상력이 가미된 새로운 해석과 의미를 즐기는 기쁨이 크기 때문이다. 문학의 경우도 마찬가지다. 문학사라는 본류 대신 문인들의 에피소드나 활동을 다룬 문단사를 읽는 재미도 쏠쏠하다. 한국 문학 평론계의 원로인 김병익의 『한국 문단사 1908~1970』은 대낮의 정전에 등재되지 못한 일화들을 문인 사회의 변천과 함께 조명하고 있다. 일제의 침략으로 국권을 상실한 시대에 문인들은 지식인의 대표라는 사명을 부여받고 전통의 탈피와 독립의 실현이라는 이중 부담을 지게 됐다.

국망國亡 이후 국권은 조선어로 대체됐으며 작가는 겨레말을 수호하는 엘리트로 부상했다. 당대 3대 천재로 불린 최남선, 이광수, 홍명희가 모두 문사였던 것도 이런 배경에서다. 왕이 사라진 사회에서 말과 글은 예전 통치계급이 하던 역할을 대신하면서 궁핍한 시대의 민중들을 달래주고 고무했다. 때문에 문학가와 그 작품에 대한 판단 기준에서 미학적 성취뿐만 아니라 사회윤리적 활동도 동등한 지분을 차지하게 됐다.

문단에서 호명하는 첫 이름은 육당 최남선이다. 1908년 18세 "소년" 최남선은 잡지 『소년』을 만들어 신체시 「해海에게서 소년에게」를 발표했다. 종전에 없었던 바다/소년이라는 소재를 발굴한 것은 비록 모방 시비가 있지만 첫 근대적 문인이라는 칭호를 받을 만하다는 평가다. 육당은 부잣집 차남으로 부친의 전폭적 지원을 받았다. 초창기 소설의 개척자인 김동인 또한 평양 대지주의 차남으로서 첫 문예지『창조』를 펴냈다. 무엇을 하든 "최초"와 "선구"라는 영예가 따르는 게 그 무렵 문단 풍경이지만 작가들의 초창기 독립활동도 공통적이다. 나중에 변절한 점도 같지만 말이다. 3.1독립선언문을 작성한 최남선, 만세운동과 관련해 구속된 김동인이 있지만 정점은 춘원 이광수다.

"만질수록 덧나는 상처"가 춘원이라고 지적한 평론가도 있지만 조실부모한 이광수의 생애는 나라 잃은 지식인들의 생존 경로를 집약한다. 최초의 근대소설『무정』을 집필한 그는 동학과 기독교, 톨스토이를 편력하다가 일왕을 받드는 신도에 빠져든다. 임시정부 기관지를 책임졌던 그는 집 안에서도 정오 사이렌이 울리면 기립해서 묵념하고 젊은이에게 학병 참전을 독려하는 친일파로 변신했다. 왜 그랬을까. 김동인은 춘원이 수양동우회 사건으로 구속된 동지를 구하기 위해 일제에 협조했다고 변호한다. 민족을 위해 민족을 판다는 이 같은 억지는 일제에 부역한 수많은 친일파들이 행적을 정당화하는 논리로 애용했다. 임시정부를 이탈하면서 내세운 민족개조론과 같은 이광수의 곡학아세는 권력에 야합하는 어용 지식인의 결정체였으며 한국 정신사의 경로 굴절을 가져왔다.

반면 반골과 불굴의 문인들은 자랑스러운 문단사다. 염상섭, 이병기, 이희승, 김광섭, 그리고 이육사와 윤동주가 있어서 항일의 화려한 광채를 발한다. 저자는 이 모든 작가들을 부인하지 말고 사랑하자고 제안한다. 전통과 역사는 아무리 더러워도 이 시대와 맞닿은 거대한 뿌리이기 때문에 넉넉히 수용하자는 뜻일 것이라고 추측해본다.

11

『난장이가 쏘아올린 작은 공』

조세희

한없이 추락하는 사람들과 사람됨

"사람들은 아버지를 난장이라고 불렀다. [...] 아버지는 난장이였다." 『난장이가 쏘아올린 작은 공』의 첫 대목은 "애비는 종이었다."로 시작하는 시 「자화상」의 첫 구절만큼 충격적이었다. 일제강점기에 잃어버린 아버지의 위상은 "잘 살아보세."를 외치는 1970년대에도 회복되지 못했다. 작가 조세희가 1976년에 발표한 소설은 연작으로 묶여 2년 뒤에 같은 제목으로 출간됐는데, 오늘날까지 300쇄를 돌파한 스테디셀러가 됐다. 한강의 기적으로 대변되는 산업화는 그 높은 성과만큼 골 또한 깊었다. 이촌향도離村向都 현상으로 빈부 격차는 도시에서 극대화됐다.

본래 도시는 인간의 위신을 되찾기 위한 공간이었다. 중세 흑사병의 유행으로 내던져진 시신들을 보면서 자연으로부터 안전을 확보하기 위한 노력이 도시의 근대화로 나타났던 것이다. 그러나 20세기 한국의 목동, 상계동, 사당동 곳곳에서 사람의 가치는 한없이 추락했다. 식사 도중에 예고 없이 집을 무너뜨리는 서울의 철거 현장에서 인간의 자존을 논하는 것은 부질없는 노릇 같았다. 인간을 중심에 놓은 근대화가 사람을 비참하게 만들었다. 그래서 작가는 써야 했다. 낙원구 행복동의 무허가 주택에서 살아가는 난장이 (표준어는 난쟁이) 아버지는 칼을 갈고 수도관도 시공하는 기술자지만 대대로 이어온 가난에서 탈출하기 힘들다. 자식의 눈에 "아버지의 삶은 고통만 있었다."

자녀들은 인쇄공장에서 열심히 일하지만 빈곤의 대물림은 가혹하다. 철거 계고장이 날아오면서 생활 터전이 사라질 위기에 처한 가족의 선택은? 쫓겨날 수밖에 없다. 아들들은 같은 노동자들의 배신으로 해고되고 달나라로 여행을 꿈꾸던 아버지는 공장 굴뚝에서 추락하며 딸은 부동산 투기꾼을 따라간다. "빼앗긴" 아파트 입주권을 몰래 "찾아"왔지만 이미 아버지는 싸늘한 시신이다. 난장이의 건너편에는 거인이 있다. 악당으로도 표현되는 거인의 세계와는 화해가 불가능하다. 풀 냄새와 고기 냄새, 빈자와 부자, 노동자와 자본가, 철거민과 투기꾼의 대립 구도에서 난장이가 제 몫을 차지하기란 요원하다. 아니, 당대를 넘어 세습되는 가난이 더욱 무서운 것이다.

실제로 멕시코의 빈민가정을 추적한 『산체스네 아이들』, 철거 이후 25년에 걸친 한 가족의 궤적을 담아낸 『사당동 더하기 25』는 끊어지지 않는 빈곤의 쇠사슬을 증언한다. 불안정한 일자리, 낮은 교육 수준, 위험한 주거환경 등은 근대화 과정을 겪으면서 직면했던 갈등과 모순의 뿌리인 동시에 가지로 더욱 몸피를 불리고 있다. 해답은 없을까? 연작소설인 「뫼비우스의 띠」는 굴뚝 청소를 하고 나온 두 아이 중 한 명의 얼굴은 깨끗하고 한 명의 얼굴은 더러울 때 누가 세수하느냐고 묻는다. 먼저 더러운 얼굴을 본 깨끗한 아이가 세수하러 간다는 답이 있다. 또다시 같은 질문을 던진 작가는 어떻게 한 명만 깨끗할 수 있느냐고 반문한다. 빈부와 선악이 뒤집혀 안팎이 전도된 현실이 있지만 이것은 뫼비우스의 띠처럼 이어져 있다. 난장이가 죽어가는 사회에서는 거인도 안전하지 못하다는 것이다. 작가의 소원처럼 이 책이 더는 필요 없는 사회가 되기까지 우리는 얼마나 더 많은 길을 가야 할까! 답은 바람만이 알고 있을 뿐The answer is blowin' in the wind.

12

『그해 5월』

이병주

5·16은 역사의 교통사고

한국의 정치 달력에서 10월의 비중은 상당하다. 2019년 첫 국가기념일로 지정된 부마민주항쟁이 16일 일어났고 불과 열흘 뒤 "박정희 대통령 유고"라는 시커먼 헤드라인이 도하 언론을 장식하면서 유신독재가 붕괴됐다. 늦봄 군사반란으로 권력을 찬탈했던 박정희 장군은 깊어가는 가을밤에 숨지기까지 18년간 철권을 휘두른 권력자였다. "5000년 가난을 끝장낸 민족의 지도자"라는 환호성 저편엔 노동자와 농민, 학생과 지식인의 아우성이 맞고함을 치고 있었다.

특히 대통령 직책뿐만 아니라 개인 박정희에게도 가장 비판적인 "인텔리"가 작가 이병주다. 박정희 장군의 술친구로서 교분을 나눴던 언론인 이병주는 5·16쿠데타로 불어온 반공 광풍의 희생자가 됐다. 감옥에서 풀려나 작가로 방향을 튼 그는 현대판 사관史官이 되기로 작정한다. 한나라 무제의 횡포로 수난을 입은 사마천처럼 작중 주인공 이름을 "이사마"로 정하고 1961년 5·16부터 1979년 10·26까지를 기록한 "실록"을 썼다. 바로 소설 『그해 5월』이다. 실제 작가가 작중 화자와 겹치기도 하고 등장인물들의 사연과 사건이 허구가 아닌 논픽션으로 간주될 만큼 한국 현대사의 문학 버전을 방불하게 한다.

우선 『그해 5월』은 박정희 집권기를 장군의 시대로 규정한다. 군인의 목적은 전투와 전쟁에서의 승리다. 지휘관은 이기기 위해서 수단과 방법을 가리지 않아야 한다. 군대의 제일 덕목인 승리 지상주의가 정치로 이식된 것이 장군의 시대이다. 오직 승리만을 추구하는 박정희 정권에서는 학자도 장군과 같은 철학을 가져야 하기에 유신독재는 필연적인 귀결이다. 그런데 군인은 정치인이 되면 안 되는가. 작가는 프랑스의 드골을 제시한다. 제2차 세계대전에서 프랑스를 승전국 지위로 올려놓았던 드골은 마지노선을 비판하고 기계화 부대를 강조한 탁월한 전략가였다.

게다가 정치가로서 드골은 헌법과 군대를 존중하는 차원에서 군인으로서 경력을 악용하지 않았다는 점에서도 일급의 인물이다. 물리력으로 집권한 정치군인을 꾸짖는 작가의 필봉은 매섭다. 중남미나 아프리카의 독재자와 오십보백보라는 것이다. 특히 말기에 이른 권력이 연출하는 타락상은 그 엽기성과 추잡함에서 소름 끼칠 정도다. 2000년 전, 사마천을 탄압한 한무제가 복술과 방술에 미쳐서 해괴한 행태를 남긴 것처럼 1970년대 후반 서울의 권력도 망측하기만 하다.

하지만 아무리 허상이라도 한번 세워지면 어떤 팩트를 갖고도 파괴하기 힘들다는 것이 작품을 관통하는 딜레마다. 나폴레옹이 실제 수많은 인명을 희생시킨 "식인귀"지만 유럽을 정복하고 스스로 보위에 오른 "황제 폐하"의 이미지로 새겨지는 것처럼 박정희 신화 또한 철옹성이었던 듯하다. 어쩌면 모든 해답은 시간이 아닐까. 정권을 뺏은 군인은 부패했고 야심은 양심을 내쫓았다. "안가安家"에서 권력의 심장이 정지한 것은 쿠데타를 혁명으로 포장한 것만큼이나 반어적이다. 5·16에서 시작한 18년의 시간은 "역사의 교통사고"였으며 성서를 읽는다는 이유로 촛불을 훔치는 것이 정당화되는 부도덕 교육의 전성기였다는 것이 작가의 단호한 총평이다.

4장

유토피아

꿈꾸는 듯
그리는 듯

정약용

『목민심서』

牧民心書

한민족 최고의 경세서

2018년에 『목민심서』는 탈고된 지 200주년을 맞았다. 우리 민족이 낳은 세계적 사상가인 다산茶山 정약용의 "노른자위"인 『목민심서』는 베트남 국부 호찌민이 평생 애독했다는 풍문(!)이 나돌 만큼 시공을 넘어서 고전의 반열에 올랐다. 이 책에는 조선 500년의 역사가 고스란히 담겨 있다고 해도 과언이 아니다. 국학자인 위당 정인보가 "다산에 대한 고구考究가 곧 조선사의 연구"라고 한 것도 이런 맥락에서다. 흔히 다산의 3부작으로 『목민심서』, 『경세유표』, 『흠흠신서』를 꼽는데 항상 『목민심서』를 첫손에 꼽는 이유는 뭘까. 중앙정부를 일신하는 국가 대개조 구상을 담은 『경세유표』보다 지방의 발전과 분권이 나라를 국망國亡에서 국흥國興으로 바꾸는 지름길이라는 저자의 구상에 후대가 동의하기 때문이다.

『목민심서』를 배태하던 18세기는 새로운 "축軸의 시대"였다. 민주주의의 정치철학은 왕국을 공화국으로 변모시켰고 과학혁명은 농업에서 공업으로 생산력을 획기적으로 늘렸다. 서구의 세계 침략과 진출은 꼭짓점으로 치달았지만 조선은 아침과 같이 조용했다. 하지만 못 살겠다는 농민들의 아우성이 민란으로 계속 분출되면서 비등점을 향해 끓어오르고 있었다. 이 시기에 나온 『목민심서』는 지방행정 교과서 같지만 실제는 조선 사회의 폐단과 병리를 낱낱이 폭로하여 혁명의 이론과 기운을 예고한다. 그래서 루소의 『사회계약론』이 프랑스혁명을 낳았다면 다산의 『목민심서』는 동학과 같은 변혁 운동의 모태가 됐다고도 본다. 공교롭게도 루소와 다산은 2012년에 유네스코 세계문화인물로 나란히 선정되기도 했다.

『목민심서』는 자서와 12부 72조로 구성됐으며 지방관이 부임을 받은 때부터 물러날 때까지 매 단계 일어날 수 있는 상황에 대한 대응책이 거의 완벽하게 제시되어 있다. 서두에서 목민관은 생계를 위한 벼슬자리가 되어서는 안 된다고 못을 박는다. 지방 수령은 한 국가를 다스리는 일과 다름이 없는 직책이기에 자청자구自請自求해서는 안 된다는 것이다. 당시 목민관은 행정+경찰+사법+군사를 장악한 지방 군주에 해당한다. 그렇다고 목민관이 백성을 보호 대상으로 보는 것만은 아니다. 다산은 목牧이 민民을 위해 존재한다며 민을 정치의 주체로까지 격상시켰다. 하이상下而上, 즉 통치자는 밑에서 뽑아 올린다는 다산의 인식은 민주주의의 근본원리까지 건드린다. 물론 다산의 고뇌와 구상이 현실에서 제도화되지는 못했고 이것은 망국의 경로에 들어선 조선의 한계였다. 아무튼 도탄에 빠진 백성에게 긴급대책은 절실했다. 백성은 여위고 관리만 살찌는 현실을 개탄할 수만은 없으니 응급처치라도 해야 했다. 그래서 다산은 근민近民, 임금을 대신해서 백성과 대면하는 벼슬인 목민관을 교화하는 지침서, 『목민심서』를 지은 것이다.

동아시아 질서 재편성 현재도 유효

제1부인 부임육조赴任六條를 보면, 수령 직책을 맡고 고을에 들어가기까지의 몸가짐을 다룬다. 부임 전에 인사업무를 맡은 중앙관리에게 절대 감사하지 말라는 충고가 눈길을 끈다. 자격에 따라 관직을 얻은 것이지 개인적인 은혜가 아니기 때문에 인사할 필요가 없

다는 것이다. 벼슬을 둘러싸고 일어나는 추잡한 거래를 날카롭게 비판한 것이다. 목민관의 몸가짐을 담은 율기육조律己六條는 자신을 닦는 위기지학爲己之學의 정신이 녹아 있다. 새벽 일찍 일어나 조용히 정신을 함양하고 오늘 할 일의 순서를 명상하면서 위엄 있는 리더십을 갖추라는 주문이다. 무엇보다 강조하는 덕목은 청렴이다. 수령의 본래 직무가 청렴이며 여기서 모든 선과 덕이 나온다. 흔히 선거철이 되면 후보를 놓고 도덕성이냐 능력이냐 논쟁을 하는데 다산에 따르면 도덕성이 곧 능력인 셈이다. 청렴하지 않은 관리는 도둑과 같다면서 다음과 같은 시중의 풍문을 전한다.

"함경도에 부임한 관리가 무척 뇌물을 밝혔다. 한 함경도 사람이 한양에 와서 성균관을 지나다가 이곳은 어떤 관청인가라고 물었다. 관리를 키울 교육기관이라는 말을 듣자 '조정에서 낮도둑을 모아서 기르는 못자리구나.'라고 야유했다."

계몽가 다산의 면모는 봉공육조奉公六條에 확연하다. 하위직을 대하는 자세와 상하의 분수에 관해 자상하고 섬세한 가르침이 한가득 담겼다. 사대부는 언제라도 벼슬을 버린다는 의미로 버릴 기棄자를 벽에 붙이고 조석으로 보면서 꿋꿋할 것을 요구한다. 대책 없는 원칙주의자가 되라는 것이 아니라, 이렇게 해야 상급자도 당신을 쉽게 건드릴 수 없다며 현실적 조언을 하는 것이다. 이전, 호전, 예전, 병전, 형전, 공전 등 구체적인 행정 영역을 현미경 들여다보듯이 관찰하면서 막혔던 민생의 혈관에 피가 돌게 하는 처방전을 제시한다. 임무를 마치고 물러날 때의 처신을 다룬 해관육조解官六條를 끝으로 『목민심서』는 장대한 여정을 마무리한다.

목민관의 부임과 퇴임을 실마리로 당대 조선 사회를 총체적으로 분석하고 해명한 이 책의 유통기간은 여전하다. 서세동점西勢東漸이라는 역사의 도전에 『목민심서』로 응전한 다산의 문제의식은 동아시아 질서의 재편성을 겪는 지금도 유효하기 때문이다. 아쉬움도 있다. 조선의 결점과 폐단을 개선하기 위해 심혈을 기울였지만, 유학적 인식을 근본적으로 회의하고 돌파하지 못했다는 지적을 한다면 사후적 평가일 뿐일까. 서학을 통한 신아지구방新我之舊邦(오래된 나라를 새롭게 개혁한다.)의 혁명적 모색은 불가능했을까. 아무튼 개인 정약용에게 영광은 순간이었고 고난은 길었다. 작가 이병주는 정다산이 불우한 생애 때문에 비극의 주인공인 것이 아니라 그 재능을 펴지 못한 것이 민족의 비극과 직결되었다고 한탄했다. 그러나 다산은 그에 대한 답변도 미리 줬다. 성호 이익을 기념하는 글에서 그는 선생의 불운은 당대에 불운이지만 후손 만대에는 행운이라고 썼다. 그 상찬은 고스란히 다산의 몫이다. 다산의 불행이 『목민심서』를 탄생시켰고 그것은 『목민심서』 이후를 살아가는 모든 후손에게 축복이라고.

Emile ou de l'éducation

『에밀』

장 자크 루소

교육혁명의 지침서, 인간혁명의 예언서

독창적이고 불온한 사상가는 많다. 그러나 그 생각이 역사에서 육화되기는 쉽지 않다. 장 자크 루소는 행운아다. 50세에 쓴 『사회계약론』은 프랑스혁명을 낳았고 민주주의의 정석이 됐다. 『성경』, 『자본론』과 나란히 인류 역사의 분기점을 만든 명저다. 덕분에 왕정에서 민주주의로 패러다임이 바뀌었으니, 오히려 루소 이후 사람들의 운수가 더 좋은지 모른다. 아쉬운 것은 혁명의 이데올로그로만 그를 기억한다는 점이다.

『사회계약론』 한 달 뒤에 나온 『에밀』은 루소 스스로가 꼽은 대표작이다. 인류에게 가장 중요한 교육적 저작이라는 평가만큼이나 일화도 많다. 시계처럼 규칙적이었던 철학자 칸트가 딱 한 번 산책을 걸렀는데 『에밀』을 읽다가 깜빡했단다. 나폴레옹은 전쟁터에서, 톨스토이는 일상에서 신봉할 정도로 사색의 원천이었다.

왜 그럴까. 루소가 활동했던 18세기는 계몽주의자들의 시대였다. "선배" 볼테르나 디드로와 같은 동년배들은 이성과 과학의 전도사로서 미래를 낙관했다. 거꾸로 루소는 문명의 진보가 인간의 마음을 타락시킨다면서 자연 상태의 존엄과 아름다움을 회복할 것을 촉구했다. 흔히 "자연으로 돌아가라"는 친환경적 슬로건으로 알려졌지만, 실상은 불평등과 양극화의 사슬에 묶여 있는 노예 상태에서 탈출하라는 선동이다. 그런 면에서 『에밀』은 교육혁명의 지침서이자 인간 스스로 자신과 세계를 바꿀 수 있다는 예언서이다. 책의 외관은 소설이지만 대화, 고백, 평론 등 다양한 형식이 들어 있다. 내용 또한 정치, 종교, 육아, 역사, 과학, 예술 등 거의 모든 부문을 망라한다.

조기교육은 불행의 씨앗

대략 유년기, 아동기, 소년기, 청년기, 성년기의 5부 구성이다. 성선론자인 루소는 자연 자체를 못마땅해하는 인간들로 인해 만물이 타락했지만 이 현상을 방치하면 인간은 더 추해진다고 봤다. 재배해서 가꿔지는 식물처럼 인간도 교육을 통해 만들어져야 한다. 문제는 갈등과 고뇌만 일으키는 그 무렵의 교육제도다. 그래서 아예 고아로 설정한 아이, 즉 에밀을 성년으로 키우기까지 실천 사례를 단계별로 낱낱이 보여준다. 모유 수유의 중요성이나 과보호가 아이를 나약하게 만든다는 지적은 지금도 유효하다. 참다운 유모는 어머니이고 참다운 교사는 아버지라는 언명은 뜨끔하다. 부모는 아이를 인간으로, 사회인으로, 국민으로 만들 의무가 있으며 이것을 수행하지 못하면 어버이가 될 수 없다. 이 대목에서 루소는 자식 다섯을 고아원에 내다 버린 자신을 "셀프 디스"하고 있다. 가난 등 어떠한 이유도 자식을 양육하지 못한 변명은 될 수 없다는 통한의 진술에서 그의 참회와 눈물이 묻어난다.

　자연스러움을 강조하는 루소에게 조기교육은 금기어다. 아이에게 가장 불행한 도구는 책이고 독서는 해가 된다고까지 단언한다. 어릴 때는 그저 세상이라는 책 속에서 자연과 뒹구는 것이 배움 자체가 되어야 한다. 평균 수명 40세의 18세기 사회에서는 신생아의 절반 정도만 청년이 될 수 있었다. 무엇보다 가장 즐거워야 할 어린 시절을 "눈물과 벌과 위협" 속에서 보내게 하는 것은 야만적이라는 루소의 지적에 고개가 끄덕여진다.

미래의 행복을 위해 현재를 참아야 한다는 반론에 대해 루소는 참다운 행복이 무엇인지 묻는다. 그에 따르면 행복은 자연이 인간에게 준 힘과 재능을 갖고 자기를 잘 보존하려는 욕망만 따르는 것이다. 그러니 능력이 감당할 수 없는 욕망은 없애야 한다. 자연이 그은 경계선을 넘어가게 되면 불행해지니까. 바로 이 지점에서 교육이 개입한다. 아이가 자신이 할 수 있는 것만을 바라며 자신의 의사대로 행하는 자유로운 사람으로 자라도록 북돋는 것이 교육이다. 자연으로 돌아가는 길을 찾게 돕는 것이 교육의 존재 이유다.

명저의 비결은 파란만장한 역정

기존의 인간, 행복, 교육을 뒤엎는 혁명적 인식에도 불구하고 여성관과 관련해서 불편한 대목도 많다. 남녀의 우열이나 평등에 관한 논의는 헛된 것인데, 비교할 수 없기 때문이란다. 자연의 법칙으로 여성은 남성을 즐겁게 하기 위해 태어났으며, 남성은 자신보다 낮은 신분의 여자를 얻어야 만사가 순조로울 것이라고도 말한다. 아무리 『에밀』이 돈오頓悟의 가르침을 던지더라도 전통 사회의 훈습薰習이 단박에 가시는 것은 아닌 듯하다.

저자인 루소는 "영원한 이름"으로 칭송되지만 "파란만장"이 더 어울릴 듯하다. 삼칠일도 안 돼 엄마를 잃고 아버지는 도피하면서 시계수리공, 가정교사, 지휘자, 작곡가 등의 직업으로 유럽을 쉼 없이 떠돌았다. 와중에 겪은 사람들의 천태만상, 모순적인 사회제도와 관습 등이 벽돌이 되어 『에밀』이라는 금자탑을 만들었다. 단언컨대 5000만 모두가 전문가와 관계자인 한국 교육에서 이 책보다 더 좋은 스승은 없다. 특히 열정이 재능의 결핍을 보완해주기에 평범한 아버지도 세상에서 가장 유능한 선생보다 더 훌륭한 교사가 될 수 있다는 루소의 격려는 부모를 고무시킨다.

　단, 조건이 있다. 체벌과 훈계를 하면 안 된다. 아이가 자연에서 받은 역량을 만끽하도록 돕는 직책이 교사다. 더구나 교육의 목적은 스스로 판단하는 사람이 되도록 돌보는 것인데, 강압이 들어가면 자가당착이 되지 않는가. 왜 에밀을 교육시켰는가. 무엇인가를 희망하거나 기다리는 사람이 아니라 즐기는 사람으로 자라게 하기 위해서다. 가장 오래 사는 것보다 가장 많이 느끼는 것이 가장 잘 사는 삶이라는 루소의 속삭임은 카르페디엠^{Carpe diem}의 귀중함을 다시금 깨우친다.

『유토피아』

De Optimo reipublicae statu, deque nova insula Utopia

토머스 모어

이상 사회를 향한 지적 설계도

"각자도생 대한민국". 우리 현실에 대한 한국학자 박노자의 진단이다. 믿을 것은 아무 데도 없고 오직 생존을 위한 경쟁만 난무한다. 공동체가 사라지고 개인만이 존재하는 사회는 "동물의 왕국"이다. 세계 4위의 자살률, 장자연, 김학의, 버닝썬 사건은 약육강식의 증거들이다. 어둡고 혼란스러운 현실은 이상적 사회를 찾게 만든다. 적서嫡庶를 차별하는 신분 사회에 절망한 홍길동이 율도국을 찾아가듯이 불평등과 양극화가 깊어질수록 누구나 행복한 세상, 즉 유토피아Utopia의 꿈은 커져가기 마련이다.

16세기 영국도 사정이 비슷했다. 양모羊毛를 얻기 위해 농민들을 쫓아낸 인클로저Enclosure 운동으로 "양이 사람을 잡아먹는" 세상이 만들어졌다. 일자리가 없어 도시로 흘러들어온 농민들은 사소한 도둑질에도 교수대에 목이 매달렸다. 한때는 왕의 충실한 신민이었던 이들에게 닥친 이 같은 불행은 어떤 지식인에게 충격이자 사색의 계기가 되었다. 토머스 모어가 『유토피아』를 쓴 것은 당대의 참혹한 실상을 고발하고 대안을 마련하려는 실천적 동기에서다. 흔히 이상향을 지칭하는 유토피아는 어원으로 보면 가장 좋은 곳Eutopia과 어디에도 없는 곳Outopia을 동시에 의미한다.

유토피아와 수학이 만났을 때

따지고 보면 유토피아는 근대적 발상이다. 인간이 기획하고 실천하는 인공적 공간인 것이다. 원하는 대로 모든 것을 누릴 수 있는 주지육림$^{酒池肉林, \text{Cockayne}}$이나 자연과 조화를 이루며 욕망을 절제하는 목가적인 안식향^{Arcadia}과는 거리가 멀다. 과학기술로 물질적 필요를 충족하고 사회제도로 평등을 실현한다는 점에서 공상이나 허구가 아니다. 천국이나 지옥과 같은 신적 영역이 아니라 지금 이곳에서 인간이 할 수 있는 노력을 최대한 하자는 것이 유토피아에 담겨 있다. 평론가 유종호는 유토피아를 그린 문학이 유행한 시기와 수학에서 "-1", "-10"과 같은 음의 정수가 발견된 시대가 맞물린다고 지적한다. 흔히 허구의 수라 불리는 음의 정수가 지적 대상으로 인식되면서, 있지도 않은 이상 사회를 기획하고 상상하는 것이 가능해졌다는 이야기다.

소설 형식으로 이뤄진 책은 2부 구성이다. 현실의 참상을 고발하는 1부에 이어 이상적 국가를 2부에서 다룬다. 작중 화자인 "나"는 모어 자신이다. 모어는 플랑드르 지방에서 유토피아를 다녀온 인물, 라파엘 히슬로다에우스를 소개받아서 진지한 이야기를 나눈다. 경륜과 식견이 대단한 라파엘은 정치 참여를 권유받자 세상에 봉사하는 것은 국왕의 노예가 되는 것과 같다며 부정적이다. 라틴어로 노예는 "servias"이고 봉사는 "inservias"이니 한 음절밖에 차이가 나지 않는다는 것이다. 정치가와 학자로서 이상과 현실 사이에서 줄다리기하는 삶을 살았던 모어 자신의 고민을 라파엘의 입을 빌려 말한 듯하다.

라파엘은 범죄자를 무조건적으로 사형하는 것은 법의 이름으로 사람을 억압하는 것에 불과하다며 도둑질의 원인을 찾을 것을 주문한다. 귀족의 무도한 욕심이 빚어낸 인클로저 운동이 죄인을 양산하는 못자리인데 이를 잊고서는 문제가 풀리지 않는다는 것이다. 그럼에도 "악법도 법"만 계속 고집한다면 극단적 정의가 극단적 불의로 타락하는 결말을 빚을 것이라고 경고한다.

극단적 태도 대신 절차와 과정

생각해볼 대목은 부조리한 현실을 고발하는 라파엘에 대한 반박과 비판이다. 절도죄에 대한 사형의 부당함을 대비시키려고 설정한 국가 "폴릴레리트"에서는 도둑에게 노역을 시킨다. 그러나 사형을 줄이거나 없애려는 규정을 지키지 않을 경우 처벌은? 사형이다. 문제를 해결하는 것은 결코 단순하지 않고 자칫 더 큰 부작용을 가져올 수 있다는 점을 모어는 계속 환기시킨다.

　한 방향으로만 쏠리는 극단적 태도를 경계하는 모어는 절차와 과정을 중시하는 민주주의자의 원형이다. "당신과 다르게 생각하는 사람들에게 당신의 생각을 오만하게 강요해서 안 된다.", "사유재산을 폐지해야 공공복지가 이뤄지고 사회악을 바로잡는다지만 모든 것을 공유하는 곳에서 사람들은 잘 살 수 없다."는 등등.

　정치인에 앞서 종교인인 모어는 인간의 근원적 한계를 늘 의식한다. 세사世事와 인정人情이 꼭 계산대로만 되는 것은 아니다. 이성과 논리에만 집착하는 것은 광기의 또 다른 모습이며 나만이 옳다는 오만은 유토피아로 가는 길에 가장 큰 장벽이 되곤 한다.

　2부에 나오는 유토피아 공화국의 진상도 그런 맥락에서 디스토피아의 모습이 되기도 한다. 라파엘이 설명하는 유토피아는 반도에서 해협을 파서 인위적으로 만든 섬나라이다. 도시는 모두 54곳인데 어디를 가나 쌍둥이처럼 똑같다. 농사가 주업이며 누구나 매일 여섯 시간 노동을 하고 2년에 한 번씩 도시와 농촌에서 교대로 산다. 사생활과 사유재산은 없고 식사도 집단급식이다. 이혼은 의회의 허락을 받아야 하며, 간통이 드러나면 노예가 되고 다시 저지를 경우 사형에 처한다. 여행은 사실상 불가능하고 허락 없이 떠나면 벌을 받고 노예가 된다. 모든 사람이 오후 8시에 취침하고 새벽 4시에 일어나 공부를 해야 한다. 『유토피아』는 지상에서 낙원을 만드는 일이 자칫 누군가에게는 "나락"이 될 수 있음을 일깨워준다.

결말에서 모어는 불평등의 근원인 화폐와 사유재산을 없앤 바로 그 이유를 들어서 유토피아에 비판적으로 돌아선다. 이상 사회를 그리면서 동시에 그 한계와 문제점을 드러내는 모어의 지적 방법론은 유토피아 자체보다 유토피아를 향한 논의에 더 무게를 실어준다. 앞서 언급한 각자도생의 우리 사회에 가장 시급한 일도 각자가 가진 유토피아에의 처방전이 아니라 유토피아를 향한 대화와 토론이 아닌가 한다.

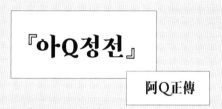

루쉰

『아Q정전』

阿Q正傳

중국의 국민소설가, 민중의 지식인

정치인들의 삭발과 단식이 연일 화제다. 따지고 보면 갈등과 투쟁의 본령이 정치이니 새삼스럽지도 않다. 어쨌든 명분은 민주주의와 민생경제다. 어제 찬성했던 것을 오늘은 반대로 표변하면서도 "내로남불"의 궤변이 아니라 "진영논리"로 정당화한다. 지지자들이 든든한 방패막이 되어주니까 부끄럼도 없다. 자리가 바뀌면 사람도 변하듯이 여야의 지위가 달라지면 지금까지의 입장도 180도 선회하는 것일까. 사실과 진실의 잣대로 시시비비를 가리는 것은 정치적 동물로서의 인간에게는 불가능하다지만 꼭 그런 것만은 아니다.

중국의 루쉰 같은 작가는 일시동인一視同仁의 잣대를 가졌다. 사람과 사건을 동등하게 대한다는 것은 따뜻하기보다 잔혹하다. 누구에게나 내리쬐는 햇볕처럼 내남없이 모두를 "깐다". 중화인민공화국을 세운 마오쩌둥이 극찬한 덕에 교과서에 단골 출연했지만 사회주의적 리얼리즘의 낙관성과는 거리가 멀다. 중국 최초의 현대소설로 평가받는 「광인일기」는 현실을 고발하지만 어둡다 못해 절망적이다. 전통과도 평행선을 긋는다. "인의도덕仁義道德"의 행간에 숨은 진짜 글자는 식인食人이더라는 진술은 사람이 사람을 잡아먹는 유교 이데올로기의 거짓을 폭로하고 있다. 좌와 우, 유학과 마르크시즘을 두루 비판하는 "진실주의자"인 그를 상층부의 기득권자들은 불편해했다. 반대로 청년들은 허위와 과장을 혐오하는 그를 "인간 자석"이라고 부르며 쇳가루처럼 끌려갔다.

애독자 마오쩌둥, 나중엔 비판적

그래서일까. 불후의 명작 『아Q정전』은 몇 년 지나지 않아 좌파 문학가들에게 비난거리로 폄하됐다. 열성적 독자였던 마오 주석도 1950년대 후반 반우파 투쟁을 시작하면서 지금 루쉰이 살아 있다면 침묵하거나 감옥에 갇혔을 것이라며 심드렁했다. 사실 소설의 주인공 "아Q"는 농민이 아니라 날품팔이로 끼니를 잇는 룸펜프롤레타리아트다. 등장인물 가운데 사회주의 혁명의 분위기를 조성하고 의식을 각성시키는 캐릭터는 하나도 없고 오히려 몽매한 민중에 대한 불신과 절망이 가득하다.

대략적으로 살펴보자. 아Q는 허드렛일로 생계를 꾸리는 일종의 농촌 빈민이다. 혈혈단신인 그는 근거 없는 자부심이 강한 인물로 이웃들에게 매번 조롱과 구타를 당한다. 수모를 이겨내는 그만의 비법은 "정신승리"다. 타인의 폭행을 어린이의 장난으로 치부하는 "인지 부조화 이론"이 여기서 나오는 셈이다. 어느 날 동네 사람 두 명에게 연속해서 매를 맞고 정신승리로도 이겨내기 힘들게 되자, 분풀이로 약한 비구니를 성희롱(!)한다. 싱숭생숭해진 아Q는 나리 댁에서 일하던 하녀에게 수작을 걸다가 물의를 일으켜 일거리가 끊어지고 암담한 신세로 떨어진다. 그런데 혁명당이 옆 고을에 입성하면서 동네 나리들이 그를 두려워하자 혁명에 가담하려고 했으나 아니 벌써 누군가 혁명을 선점한 상황. 하지만 달라진 것은 변발을 틀어 올린 사람들이 늘어난 것뿐이다. 혁명당 입당이 좌절된 아Q는 강도들이 부잣집을 터는 것을 구경한다. 강도단의 일원으로 간주된 그는 체포되어 처형장으로 끌려가면서 죽음의 공포를 자각하지만 때는 늦었다. 총살은 참수보다 재미가 없고 사형수의 노래도 한 곡 못 들었다며 불만을 토로하는 동네 사람들. 아무도 아Q를 동정하지 않는다.

아Q는 병든 중국 사회 상징

한 편의 잔혹한 블랙코미디에 어릿광대로 분한 아Q는 누구일까. 지금까지 널리 퍼진 해석은 병든 국민성이란 것이다. 명백한 패배를 심리적으로 이겼다고 자부하는 "정신승리"의 근원을 루쉰은 중화사상에서 찾는다. 도덕이 세계 제일이고 정신문명이 외국보다 월등한 중국은 덜떨어진 상태로 있어도 좋다고 집단적 자아도취에 빠져 있다는 것이다. 작가가 아Q나 동네 사람들에게 일말의 애정이나 연민을 표하지 않는 것은 "모른다는 사실 자체도 모르는unknown unknown" 군중에게 보내는 거센 꾸짖음이 아닐는지.

신해혁명을 계기로 고양된 농민계급의 혁명성을 묘사한 사회주의 문학의 전형이라는 평가는 그래서 수긍하기 힘들다. 아Q가 죽을죄를 지었으니 총살을 당한다고 위에서 주입한 대로 믿는 농민들은 진리 대신 교리를, 의미보다는 재미만을 좇는 21세기 대중의 원형이다. 혁명이나 반역이 나쁘지 않다고 아Q가 생각을 고쳤다고 해서 의식이 각성됐다는 것은 침소봉대다. 오히려 무고한 주인공이 처형되는 장면에서 혁명의 희생자가 민중이 될 수 있다는 점을 시사했기에, 좌파 평론가들은 아Q 시대의 죽음을 선포하고 루쉰을 과거로 묻고 싶었던 것 같다. 중문학자 전형준은 1990년대 이후 중국 지배층의 루쉰 배척 풍조가 정점에 달했다고 전하면서, 이것은 『아Q정전』에서 풍자된 과거가 현실에서 재생된다는 방증이라고 봤다. 혁명을 뜻하는 revolution은 회전을 의미하기도 한다. 권력자만 교체해서는 나쁜 과거가 언제든 돌아올 수 있으니 권력에 대한 관념을 바꾸는 것이 진짜 혁명이라고 읽어낸다면 지나친 확대해석일까.

05

문성길

『넷플릭스하다』

뉴미디어! 과연 혁명인가, 소외인가

잠식이란 말이 어울릴 듯하다. 넷플릭스의 온라인 동영상 서비스가 TV와 영화관을 빠른 속도로 갉아먹고 있다. 한국에서는 사업 2년 만에 가입자가 120만 명을 넘었다. 얼마 전에 끝난 드라마《킹덤》은 제작자로서의 저력도 유감없이 과시했다. 실리콘밸리에서는 기존 비즈니스 모델이 무너질 때 "netflixed(넷플릭스 당하다)"라는 신조어를 쓴다고 한다. 이쯤 되면 한국은 물론 세계적 차원에서 미디어 패러다임이 새판 짜기에 들어간 것은 분명하다.

일찌감치 넷플릭스의 파괴력에 주목하고 미디어 분야 전반에 사이렌을 울린 책이 있다. 『넷플릭스하다』는 세계 정상급 네트워크 인프라와 콘텐츠 생산력을 갖춘 한국에서 왜 넷플릭스 같은 새로운 플랫폼이 태동하지 못하는지를 꼬치꼬치 알려준다. 저자에 따르면 영상미디어의 신기원은 새로운 콘텐츠가 아니라 혁신적 기술이 관건이다. 무엇이 담기느냐보다 어디에 담기느냐가 소비자의 기호를 좌우한다는 것이다. 제4차 산업혁명이 일자리를 위협하고, 극심한 변화에 휩쓸려 지치고 힘든 대중은 새로운 이야기를 찾게 된다. 빅데이터와 스트리밍이라는 기술을 이용해서 대중의 심리를 꿰뚫고 취향을 저격하는 영상물을 내놓는 넷플릭스가 콘텐츠 생태계의 최상급 포식자로 올라선 배경이다. 애초 이 회사는 DVD 대여업체에 불과했다. 영화 한 편을 주고받는 우편 비용에 78센트를 썼지만, 2007년 이후 서비스한 스트리밍 비용은 회당 5센트다. 기술과 콘텐츠의 결합으로 도달 비용을 15분의 1로 줄인 데다 언제 어디서나 맘대로 볼 수 있다는 혁신적 도약을 이뤄냈다.

무엇보다 주목되는 것은 이른바 "덕후"급 영상물 창작자들에게도 기회가 열린다는 설명이다. 이용자들도 몰랐던 취향을 발견해내는 넷플릭스의 기술력은 덕후와 덕후를 연결하는 중매도 서기 때문이다. 이미 흥행에서 사라진 과거의 작품들도 재조명된다. 넷플릭스의 매출 구조에서 기존 작품들은 70퍼센트를 차지하면서 화려하게 귀환했다. 현재 미국에서 넷플릭스는 방송시장을 파괴한 데 이어 할리우드로도 거침없이 진격 중이다.

반면 "한류"로 세계 7위의 문화 콘텐츠 강국에 오른 한국은 속 빈 강정이다. 데이터가 콘텐츠를 결정하는 시대에 육감만 들이댄다. 예감과 직감에 따른 "한류"만으로는 곧 안방도 내줘야 할 것이 자명하니 책의 제목처럼 "넷플릭스하다", 즉 과감한 혁신이 필요한 것 같다. 하지만 넷플릭스의 빅데이터 기술은 "빅브라더"를 연상시키고 개개인의 취향을 존중해 추천해주는 것이 "맞춤형 서비스"인지 또 다른 "획일적 서비스"인지 아리송하다. 자칫 특정한 장르나 작품만을 유도하면서 오히려 다양한 시각과 생각들을 차단하는 "사이버 게토" 현상을 조장하지 않을까 하는 걱정도 든다. 보고 싶은 것만 보고, 듣고 싶은 말만 듣다 보면 세상은 점점 소통 불능으로 치닫기 때문이다. 게다가 흘러간 작품들이 패자부활의 기회를 얻고 독특한 콘텐츠 제작자들이 살아갈 터전이 마련됐다지만, 정작 넷플릭스에서 독립영화는 찾아보기 힘들다. "넷플릭스하다"에 마냥 지지를 보낼 수 없는 지점이다.

『사피엔스의 미래』

Do Humankind's Best Days Lie Ahead

알랭 드 보통,
말콤 글래드웰,
스티븐 핑커,
매트 리들리

잿빛 문과와 장밋빛 이과의 미래 논쟁

"내일 일은 내일 염려하라"는 예수의 말씀을 그대로 따르면 얼마나 좋을까? 그러나 인간은 항상 뒷날을 걱정한다. 장밋빛인지 잿빛인지 일단 예측을 하고 계획을 세우며 준비하는 것이 호모사피엔스의 특성이다.

2015년 말 캐나다 백만장자 피터 멍크가 토론회를 개최했다. "과연 인류에게 더 나은 미래가 기다리고 있는가"라는 거대한 질문을 놓고 문과와 이과가 세게 붙었다. 그 대회에서 국제적으로 한가락 하는 지식인들이 벌인 열띤 토론을 묶은 책이 바로 『사피엔스의 미래』다. 인지과학의 거장 스티븐 핑커와 과학 저널리스트 매트 리들리는 ○를, 인기 작가 알랭 드 보통과 말콤 글래드웰은 ×를 택했다.

토론 시작 전, 청중 3000명의 사전 성향은 낙관적 미래가 71퍼센트, 비관적 미래가 29퍼센트였다. 포문을 연 것은 핑커다. 그는 팩트와 수치로 미래가 좋아질 것을 확신시키겠다며 열 가지 근거를 제시한다. 갈수록 수명은 연장되고 건강은 좋아지고 물질적 번영과 평화가 이어지고 있다. 폭력 범죄율은 하락세이고 자유와 지식, 지능지수, 양성평등, 인권은 상향 일변도라는 통계를 제시한다. 거대한 재앙이나 핵무기, 기후변화의 위협과 같은 예상 가능한 반론도 열거하면서 그럼에도 문명의 힘은 분명히 더 나은 미래를 만들 것이라고 끝맺는다.

스위스에서 태어난 알랭 드 보통은 지금 낙원처럼 알려진 고향을 예로 들어 통박한다. 환상적인 교육 시스템을 갖추고 있는데다 평균 연봉 5만 달러에 이르고 거의 400년간 전쟁이 없었으며 애플의 잡스도 치료차 올 정도의 최고급 의료 수준을 갖춘 스위스가 유토피아여야 하는데 실상은 그렇지 않다는 것이다. 보통은 이성으로 어리석음을 제거할 수 없으며 빈곤은 상대적이기에 박탈감은 더 커져간다고 봤다. 전쟁 대신 잔인한 폭력은 끊이지 않으며 죽음은 불가피하기에 비관적 현실주의를 제안한다.

논쟁이 과열되자 리들리가 대머리 영국인(보통과 리들리)과 곱슬머리 캐나다인(핑커와 글래드웰) 이야기로 분위기를 식히면서 삶은 계속해서 좋아지고 있다고 단언한다. 지금까지 인간은 창조적 파괴를 통해 계속 문제를 해결해왔으며 가장 큰 환경문제도 지표가 갈수록 개선되고 있다는 것이다. 글래드웰은 상원의원인 리들리나 하버드대 교수인 핑커의 앞날은 밝을 것이 확실하지만 인류의 미래에 대한 기대는 터무니없이 순진하다고 뼈를 담은 농담을 던진다. 스마트폰은 편의성을 극대화했지만 테러 집단의 공조나 작전 또한 쉽게 만들었다. 현재 인류가 당면한 위험은 양적으로는 줄어들었지만 질적으로는 높아졌다는 것을 잊어서는 결코 안 된다는 지적이다.

각자의 기조 발언이 끝난 뒤 치열한 일진일퇴를 벌인다. 말뜻을 이해하지 못했다거나 결과적으로 주류와 한편이라는 등등 이겼다는 인상을 주기 위해 흔히 연출되는 수법과 기교도 난무한다. 흥분한 보통은 그리스비극까지 들먹이며 "당신들은 너무 오만하다"고 인신공격성 발언까지 한다. 공교롭게도 1960년대에 태어나서 10대 시절을 불황과 핵전쟁의 공포 속에서 보낸 문과생들은 비관론을 취하고, 1950년대 생으로 해방과 풍요의 틴에이저였던 이

과생들은 낙관론을 취한다. 막을 내린 뒤 청중의 투표가 이어졌다. 그 결과는 71 대 29에서 73 대 27로 낙관론 승!! 그러나 누가 미래를 알겠는가.

『공부 논쟁』

김대식,
김두식

양극화 시대의 정의는 단순한 입시

30여 년 전 샀던 수학 문제집 표지에는 "인생은 시험의 연속"이라는 경고가 있었다. 올해 고등학생이 된 아이의 참고서에서도 유사한 문구를 봤다. 시험은 불로불사인가 보다. 하기야 시청률이 한 자릿수를 넘기 힘든 요즘 대학입시를 다룬 드라마《SKY 캐슬》은 20퍼센트대를 찍었다. 모든 정권은 들어설 때마다 입시개혁을 내걸지만 애초부터 불감당이다. 그런데 모든 입시제도는 장단점이 있다. 고르디우스의 매듭처럼 얽히고설킨 문제를 단칼에 잘라서 전 국민을 만족시키는 묘책은 없다. 차라리 왜 공부를 하는지, 시험으로 학력을 평가하는 것이 효과적인지 등을 묻는 것이 입시 문제를 개선하는 단서가 될 수 있다.

김대식, 김두식 두 형제 교수의『공부 논쟁』은 시험, 엘리트, 고교 평준화, 서울대 개혁 등 교육을 둘러싼 거의 모든 문제에 대해 난상爛商을 거듭한다. 가장 뜨거운 이슈인 입시제도와 관련한 처방은 명쾌하다. 수험생이 덜 피곤하게 단순한 시험이 낫다는 데에 박수를 보낸다. 단, 전제가 있다. 중등교육의 완전한 평준화다. 특목고를 원점에서 재검토하자는 것이다. 책에 따르면 영재교육은 일종의 "사기"다. 부모의 경제력이나 사회적 지위가 뒷받침돼 "만들어진 천재"는 신기루다. 실제로 미국에서 이른바 조기교육을 받은 "영재"들은 나이 서른이 넘어가면 대부분 학계에서 사라진다고 한다. 너무 열심히 공부해서 두뇌가 번아웃burnout, 소진됐기 때문이다. 노벨상 수상자의 90퍼센트가 일반 고등학교 출신인데 10대 청소년을 쥐어짜봤자 무슨 효과를 거두겠냐며 "소년등과少年登科"의 위험성을 지적한다.

천재가 과학계를 이끌고 엘리트가 대중을 지도한다는 통념을 깨뜨리는 형제의 주장은 쾌도난마처럼 거침없다. 중고교에서 암기나 주입식 공부를 상대적으로 많이 안 한 아이들은 머리가 굳어 있지 않아서 30대에 인재가 될 공산이 크다며 이 땅의 대다수 부모에게 위안(!)을 준다. 법학을 전공한 동생이나 물리학을 가르치는 형은 선거나 보수·진보의 문제에서는 일합을 겨루지만 교육에서는 한목소리다. 한 명이 만 명을 먹여 살린다는 천재론에 대해 이들은 천재 한 명을 만들기 위해 만 명의 인력 풀pool이 필요하다고 반박한다. 기초과학의 경우 성과나 발견의 80퍼센트가 우연성에 기초하기 때문에 먼저 수많은 씨앗을 뿌려놓을수록 결실이 알찰 수 있다는 것이다.

이런 관점에서 보면 교육은 평준화의 간증 대상이다. 학생의 잠재적 능력이 꽃을 피우고 열매를 맺는 것은 제각각이다. 떡잎부터 다른 재목도 있지만 꽃 없이 열매를 맺는 무화과 같은 늦깎이도 있다. 그럼에도 지금까지 우리 사회는 "하향평준화"라는 검증되지 않은 프레임에 현혹되어 특목고를 통한 엘리트 교육에 "올인"해왔다. 그 결과 예전의 KS(경기고-서울대)가 간판을 바꿔 등장하고 학교는 사회통합social mix의 장에서 계층 격차의 아이콘으로 전락했다. 형제는 호소한다. 창의성과 우수성을 키우는 가장 효율적인 방법은 평등이고, 따라서 아이들은 평준화 교육을 받을 권리가 있다고 말이다.

08

『경제의 세계 세력도』

經濟の世界勢力圖

사카키바라 에이스케

그래도 아시아는 세계의 새 성장 동력

일본 위기설이 한창이다. 글로벌 경제의 불확실성 속에서 스스로 화근을 자초한 대한對韓 수출규제에다 인상되는 소비세는 경제위기설을 부채질한다. 손해를 보면서도 제재를 하고 대화 없이 무조건 양보를 주장하는 일본의 "비이성적 흥분"은 망국으로 치달았던 일본 제국주의의 행태에 다름 아니다. 게다가 개편된 아베 내각의 면면은 관계 개선의 한 조각 기대마저 접게 하는 실정이다. 가뜩이나 미국과 중국의 갈등으로 세계는 "무엇을 모르는지 모르는unknown unknown" 안갯속을 헤매고 있다. 이럴수록 뉴스 하나, 숫자 하나에 흔들리지 않는 긴 호흡과 냉철한 시각이 필요하다.

　일본의 외환정책을 담당했던 세계적 이코노미스트 사카키바라 에이스케가 쓴 『경제의 세계 세력도』는 아시아가 글로벌 경제의 새로운 성장 엔진으로 자리 잡는 것은 역사적 필연이라고 단언한다. 세계 경제를 이해하기 위한 인식 틀로 아날학파의 대가 페르낭 브로델의 역사방법론을 차용한 저자는 장기 구조적 관점에서 중국, 인도 등 아시아 국가들이 번영을 주도하는 것은 불가역적이라는 입장이다. 다만 전제가 있다. 평소 국제통화기금IMF의 폐해를 극복하는 수단으로서 아시아통화기금의 창설을 강조한 데서 한 걸음 더 나아가 공동 통화를 제창한 것이다. 미국의 달러나 유럽의 유로가 환율 변동에 따른 불안정성을 회피해주는 것처럼 아시아 국가들을 아우르는 공통의 결제수단이 경제적 통합을 촉진시키고 성장의 담보가 된다는 근거에서다.

　물론 쉽지는 않다. 경제가 급성장할수록 각국의 중산층에서 민족주의가 분출하기 때문이다. 한국, 중국, 동남아시아 등지에서 공통적으로 겪고 있지만, "정냉경열政冷經熱"로 극복할 수 있다는 낙관적 전망이다.

아시아가 세계 경제의 구조적 버팀목이 될 때, 가장 주목되는 국가는 인도다. 이미 인도는 5년 전에 구매력평가PPP 기준으로 일본을 제치고 세계 3위의 경제 규모를 시현했다. 저자 또한 중국보다 인도에 후한 점수를 준다. 무엇보다 자본시장에 관해서 인도가 앞서 있다는 설명이다. 여전히 인치주의적 성격이 강한 중국보다 법에 의한 지배, 즉 비즈니스나 시민 생활 속에 현대적인 법 제도와 법치주의가 확실히 정착한 인도가 투자처로서 안정적인 매력을 갖기 때문이다. 관료와 정치가의 독직瀆職 건수가 상대적으로 적은 것도 법치의 풍토를 입증하고 글로벌 스탠더드에 한층 부합한다.

국가와 지역 같은 거시경제뿐만 아니라 세계 경제의 변동에 따른 개인의 대응을 조언해주는 것도 이채로운 대목이다. 금융자산 중 80~90퍼센트는 원금이 보장되는 것에 넣어두라면서 잦은 주식 매매를 하지 말라고 하고, 리스크가 큰 투자에도 부정적인 시각을 내비친다. 주거용 주택은 충분한 금융자산이 있으면 사도 좋지만 융자를 받아서까지 구입하는 것은 현명하지 않다. 인플레이션이 심하지 않기 때문에 대출을 받지 말라는 것이다. 물가 안정기에는 빚을 내서 부동산이나 주식을 구입해서는 안 된다고 하는데 글쎄다. 부동산 대폭락 시대가 온다고 오래전부터 떠들어왔지만 "강남불패"는 지속되고 있으니 각자 알아서들 판단할 일이다.

09

『우화의 서사학』

김태환

야만과 탐욕의 현장에 내던져진 약자의 생존 매뉴얼

알아야 할 모든 것은 유치원에서 배웠다고들 한다. 대표적인 것이 어린이의 필독서인『이솝 우화』다. 동물과 사람이 소통하는 공상의 세계를 상정하는 우화는 이성과 논리가 담아낼 수 없는 현실의 추악함과 야만성을 적나라하게 드러낸다. 동화가 던지는 인과응보나 사필귀정의 메시지는 희망사항에 불과하다. 사실 험한 세상에 부합하는 처세의 매뉴얼은 우화이며, 그것의 꼭짓점이『이솝 우화』라고 할 만하다. 그러나『이솝 우화』를 생존의 교훈담으로만 읽어내는 것은 일면적이다. 기원전 4세기부터 텍스트로 성립된『이솝 우화』가 시간과 공간의 검증을 거쳐 고전이 된 것은 다 이유가 있지 않을까. 독문학자 김태환은『우화의 서사학』에서 근대소설이 다양한 의미와 풀이를 낳는 열린 양식인 것처럼『이솝 우화』도 새로운 해석을 기다리는 열린 이야기라고 주장한다. 무엇보다 대다수 우화가 등장한 배역들의 대사로 끝나는 것에 주목한다. 여물은 주지 않고 손질만 열심인 말지기horsekeeper에게 말은 항의한다. "건강하게 보이게 하고 싶으면 먹이를 더 주시오." 높은 가지에 열린 포도를 따먹지 못한 여우의 코멘트다. "저 포도는 시어서 맛이 없을 거야."

　이야기의 결말이 제3의 서술자가 아니라 등장인물의 논평으로 끝나면 "미완의 상태에서 중단된 인상을 줘서" 독자의 상상력을 부추긴다는 것이다. 게다가 말이 말지기에게 말을 거는 것으로 종결되면서 이야기 속에 나타나지 않은 말지기의 대답 혹은 말지기의 행동은 앞으로 바뀔까 하는 궁금증이 일어난다. 즉 의인화된 동물의 마무리 말이 충격과 변화를 수반하면서 우화는 끝없는 의문과 추측을 자아내는 서사가 되는 것이다. 내용적으로도『이솝 우화』는 음화적 수법의 전형이다. 세상살이의 슬기와 가르침을 제시하는 대신 거꾸로 인간의 탐욕과 무지를 부각하면서 현실의 야만과 냉혹을 가감 없이 폭로한다. 반면교사의 달인이다.

하나의 주체로 자립하려는 존재들에게 악인은 계속 접근해온다. 교활한 악한의 계략에 넘어가지 않고 살아남거나 아니면 피해를 입고 조롱을 당하거나, 둘 중의 하나. 엄마로 가장한 늑대의 정체를 문틈으로 간파한 아기 염소는 난세에 성명性命을 보존하는 약자의 생존 기술을 선보인다. 명령의 언어나 당위의 관념에만 집착하면 목숨과 안전을 담보할 수 없는 것이 약육강식의 현실 세계다. 항상 세상은 상상 그 이상의 것을 보여준다. 더욱이 구원자는 존재하지 않는 법이다. 그림 형제의 동화에서 엄마 염소는 늑대 배속에서 새끼들을 구해내고 대신 돌멩이를 가득 채워 놓는다. 질서를 교란했던 늑대는 응징당하고 세상은 다시 평온해졌다. 그러나 실제는 이솝의 우화와 맞닿아 있다. 더럽고, 추하고, 짧은 세상에서 보통 선의는 악惡의 포장지로 활용된다. 겉모습이나 언어로 포착되지 않은 숨겨진 이해관계가 미덕이나 인정의 외피를 덮어쓰고 있다. 가열한 생존경쟁의 현장에서 겉과 속을 꿰뚫지 못하면 자활과 자립은 사라지고 공동체의 안녕도 무너진다. 그래서 2500여 년 전 노예 이솝은 "의심"을 생존 전략으로 내놓았다. 약속과 계약엔 더 회의적이어야 한다. 위반한 계약을 바로잡을 법이나 권위는 흔히 강자의 편이니까 말이다.

『솔로몬 왕의 반지』

King Solomon's ring

콘라트 로렌츠

동물행동학의 상대성이론

10억 483만, 1737만, 87만, 100만의 생명이 2018년 한 해에 사라졌다. 각각 닭, 돼지, 소, 개가 도살된 숫자다. 의약품의 효과를 실험하기 위해 무수한 모르모트나 토끼도 목숨을 잃고 투우와 투견, 투계는 세계 곳곳에서 오락 겸 도박물이다. 인간을 위해 너무 많은 가축이 참혹하게 사육되고 희생된다. 그러나 반려동물 1400만의 시대다. 구조 동물을 안락사한 행위로 여론이 들끓고 동물원을 폐쇄해야 한다는 청원까지 쏟아지는 등 동물의 권리에 많은 관심이 몰리고 있다. 동물과 인간은 지구에서 함께 살아가야 하기에 인식의 변화는 반갑고도 당연한 일이다.

동물과 공존하려면 가장 먼저 소통이 필요하다. 동물의 몸짓이나 소리가 무엇을 의미하는지 알아야 한다. 그러나 짐승에 대한 인류의 오랜 경험과 관찰은 의외로 틀린 것이 많다. 교활함의 대명사로 일컫는 여우는 사실 늑대나 개보다 더 둔하다고 한다. 비둘기는 평화와 사랑의 상징이라지만, 종족에게 그렇게 처참한 상처를 입히는 날짐승이 없다고 할 만큼 거칠다. "물 만난 고기"라고 말하지만 실제로 물고기는 굼뜨고 건강하지 않다. 인간의 오만과 편견으로 동물의 습성과 행동을 멋대로 판단한 것이다.

새나 물고기와 이야기한 사람

오스트리아의 동물행동학자 콘라트 로렌츠는 짐승이나 새, 물고기와도 이야기한 사람이다. "동물학계의 아인슈타인"으로 비유되는 로렌츠는 1949년에 출간한 『솔로몬 왕의 반지』에서 동물과 동물의 본성에 관한 학술적 발견과 주제들을 쉽고 재미있게 전달했다. 가장 대중적으로 알려진 개념이 "각인imprinting"이다. 갓 부화한 기러기 새끼가 태어나서 처음 본 대상인 로렌츠와 일종의 인사를 주고받은 뒤에 계속 졸졸 따라다닌다. 로렌츠는 자신을 어미로 "각인한" 새끼 기러기를 침실에 두고 밤새 매시간 깨어 울면 달래기를 되풀이한다. "각인"은 동물의 세계에서 새끼가 생존 확률을 높이기 위해 어미와 강한 유대감을 형성하려는 목적으로 생겨난 메커니즘이다. 인간 또한 유년기에 가족과 고향이 마음에 새겨졌으니 명절마다 연어처럼 회귀하지 않는가.

책의 제목은 솔로몬 왕의 전설에서 따왔다. 왕이 가진 마법 반지는 쥐나 새의 소리까지 알아듣게 해줬다. 어느 날 솔로몬은 나이팅게일이 왕비의 부정을 말하는 것을 듣고 분노해 반지를 던져버렸고 그다음부터 인간은 짐승과 소통할 수 없었다. 사실 동물과의 대화는 인간의 오랜 꿈이다. 진화론에 따르면 모든 생명은 한 나무에서 났지만 끊임없이 가지를 치면서 종이 달라졌다. 기원의 동질성을 확인하려는 몸부림인지 동서양을 막론하고 단군신화에서부터 「둘리틀 박사의 모험」에 이르기까지 인류는 종을 넘어서는 의사소통을 갈망해왔다.

20세기의 과학자 로렌츠는 동물과의 교감이 주술이 아니라 과학이라는 반지로 가능하다는 것을 보여준다. 인간은 육체적 능력으로 동물에게 말을 걸 수도 있다. 반려동물들은 주인의 무의식적 신체 언어body language를 어떤 식구보다도 잘 해독한다. 로렌츠가 기른 개는 손님이 주인의 의견과 대립하면서 비웃는 태도를 취하면 엉덩이를 부드럽게 물었다. 탁자 아래 앉아서 손님의 표정을 볼 수 없을 때도 어김없었다고 한다. 동물과의 이심전심은 드문 일이 아니다. 그들과 함께 살면서 일어나는 골칫거리들을 있는 그대로 받아들인 사람이라면 누구든지 느꼈을 경험이다.

왜 인간은 동물을 키우는가

과학적 발견도 일단 사랑한 후에야 가능한 법이다. 로렌츠의 연구 성과는 자유롭게 길든 동물들로부터 나왔다. 온 집 안을 쥐가 뛰어다니고 앵무새는 옷 단추를 떼어내고 기러기는 침대에 분뇨를 흩뿌린다. 오히려 아이는 정원에 일종의 우리(!)를 만들어 보호할 정도였다. 동물은 무제한의 자유를 누리고 거꾸로 인간이 갇혀 지내는 지위 역전이 일어난 것일까. 그러나 짐승과 공존하는 그의 집과 뜰에는 가장 자연적이고 온전한 생명 공동체가 들어 있었고 시달림의 대가 이상으로 감동과 기쁨을 선물 받았다는 것이 저자의 고백이다.

물론 생명의 세계에는 생존경쟁의 비정함이 깔려 있다. 모든 동물은 살아남기 위해 공격과 파괴의 본능을 장착하고 있다. 책에서 물방개 유충은 공격성의 극단을 대표한다. 무협 영화에 나오는 "흡성대법" 식으로 사냥을 하고 사냥감이 없으면 자기들끼리 동족상잔을 펼친다. 인간만이 상호 살육을 벌이지는 않아서 위안이 되지만 그래도 인류의 죽음에서 동종 살인율은 2퍼센트다. 포유류의 평균 0.3퍼센트와 비교하면 역시 인류는 서로에게 잔인하다. 이렇게 각자 사이도 좋지 못한 인간이 왜 동물과 함께 지내려고 하는지 궁금해질 때, 로렌츠의 결론은 시적이기까지 하다.

　"반려동물을 키우는 것은 결국 이 세계가 아스팔트와 콘크리트와 전깃줄로만 이루어지는 것이 아니라는 사실을 일깨워주고 진정한 자연의 한 조각을 집에 놓은 행위다."

　인간은 역사적, 사회적 존재 이전에 무엇보다도 생물학적 존재라서 다른 동물과의 공생이 필수적이다. 게다가 반려동물은 인간의 진면목을 드러내는 시금석이다. 주인에게 생사여탈권을 내맡긴 생명체와의 관계에서 인간은 스스로 위엄을 드러내게 된다. 즉, 동물과의 차이를 내세워서 인간적 권위를 세우는 것보다는 반려동물과 같은 약한 존재를 배려하고 상생할 때, 인간에게는 "만물의 영장"이라는 칭호가 자연스럽게 부여되는 것이다.

『부분과 전체』

Der Teil und das Ganze

베르너 하이젠베르크

인간과 과학이 한계를 넓혀가는 방법

"시간이 약"이라는 경구는 유독 교육, 특히 대학입시에는 적용되지 않는 듯하다. 보수와 진보, 독재와 민주 정부를 막론하고 입시제도는 매년 바뀐다. 사정은 외국도 비슷하다. 영국이나 일본 등도 새로 출범하는 정권마다 교육개혁을 엄지로 꼽는다. 백년지대계인 교육정책이 권력의 허풍 떨기에 딱 들어맞기 때문일까. 전인교육의 이상은 간곳없고 입시 선수만 양성되다 보니 "전문가 바보"가 득실득실하다. 더 넓은 세상과 연결되지 못한 "우물 안 개구리"로 만족할 때 개인이나 국가는 낙오된다. 전문가 자격을 인증하는 박사博士의 "박"에 넓다는 뜻이 들어간 까닭이다.

하지만 수많은 분야에서 혁명적 업적을 쌓은 뉴턴조차 진리의 대양大洋 속에서 조약돌 몇 개를 주웠다고 자평하는 마당에, 평범한 인간들이 "총체적 인식" 운운하는 것 자체가 코미디라는 체념이 들 때『부분과 전체』는 힘이 된다.

이 책은 한계를 가진 부분적 존재로서의 인간이 세계와 우주의 전체상을 탐구해가는 모험담이 대화와 토론의 형식으로 담겨있다. 한가락 하는 천재들만 나오는 이야기라고 지레 겁먹을 필요는 없다. 세상을 주름잡는 영웅호걸이나 세상에 주름 잡히는 장삼이사나 어차피 우주의 기준에서는 오십보백보다.

게다가 하이젠베르크 또한 물론 천재지만 무슨 수수께끼든 풀어내는 척척박사가 아니다. 그는 문제를 푸는 것이 아니라 문제를 제기하고, 유일한 정답 대신 끝없는 토론을 중시한다. 과학이라는 우물밖에 모르는 연구자가 아니라, 정치와 철학, 예술과 윤리 등 다양한 분야들과 항상 관계하고 고민하면서 전체로서의 삶을 지향해나갔던 모색들이 페이지마다 배어 있다.

　부분과 전체에 대한 끊임없는 사색은 먼저 양자역학이라는 엘도라도를 열어줬고 거기서 그는 "불확정성의 원리"라는 금맥을 캔다. 보어와 아인슈타인 같은 석학들과 만나 과학뿐만 아니라 철학과 정치적 화제를 나누며 이론을 더욱 확장하고 정교하게 닦은 것이 31세에 노벨물리학상 수상자가 된 비결이다.

　전문가 바보를 거부한 하이젠베르크의 철학은 인류에게도 축복이었다. 독재자 히틀러의 원자폭탄 개발을 저지하려는 그의 "비애국적" 행동이 전쟁을 판가름하는 데 큰 역할을 했다. 사후 미국측 기록을 보면 독일의 원폭 개발 추진 속도가 더 빠를 것이라고 짐작해서 하이젠베르크를 암살할 계획을 세웠다고도(물론 미수에 그쳤지만) 한다.

　영국의 작가 겸 과학자 C. P. 스노는 과학자는 셰익스피어를 모르고 인문학자는 열역학법칙에 무지한 현실, 즉 과학과 인문학이라는 "두 문화"의 소통 부재가 복잡다단한 세상사를 해결하는 데 가장 큰 걸림돌이라고 지적했다. 그러나 제4차 산업혁명에 돌입한 지금 사회에서 어떤 영역도 독야청청할 수는 없다. 예전부터 그래왔지만, 인간에게 낯선 분야와의 대화와 소통은 거부할 수 없는 정언명령이다. 나무뿐만 아니라 숲 전체를 조망하는 온전한 앎을 추구하려는 모든 영혼들에게 『부분과 전체』는 언제까지나 계속해서 읽힐 수밖에 없을 것이다.

『생각의 지도』

The Geography of Thought

리처드 니스벳

적을 알고 친구를 더 잘 알기 위한 문화상대주의

북한 고위인사들의 거침없는 발언이 화제로 떠올랐다. 리선권 조국 평화통일위원회 위원장은 방북한 남측 인사들에게 "냉면이 목구멍으로 넘어가느냐.", "배 나온 사람에게 예산 맡기면 안 된다."라며 면박을 줬다고 한다. 앞서 최선희 외무성 부상이 북미정상회담을 앞두고 상대국 부통령을 "아둔한 얼뜨기"로 비난한 것보다는 수위가 낮다고 해야 할까.

독재나 권위주의 정권에서는 1인자의 의중에 부합하는 직설적이고 공격적인 언사가 대종을 이룬다. 유권자가 아니라 권력자가 자리와 자원을 배분하는 체제에서 거친 언행은 심판의 대상이 아니다. 세련된 격식보다는 "단심"이 중요하기 때문이다. 그러나 남북관계나 국제 관계는 한쪽만의 의도와 의사로 만들어지지 않는다. 서로 문화가 다르고 사고방식이 각각인 상대방을 이해할 때만 자신의 메시지를 제대로 전달할 수 있다.

미국의 사회심리학자 리처드 니스벳은 『생각의 지도』에서 인간은 문화에 따라 사고 과정이 달라진다고 설명한다. 사람이면 누구나 똑같이 지각하고 추론한다는 저자의 고정관념이 해체되는 과정이 흥미롭다. 그는 중국, 일본, 한국을 동양으로, 그리고 유럽과 미국을 서양으로 설정한다.

동양의 세계관은 원으로 표상되지만 서양은 직선이다. 세상을 복잡하다고 간주하면서 사물 간의 맥락과 관계를 파악하려는 동양적 추론 방식에 비해 서양이 생각하는 세계는 보다 단순하고 기계적이며 범주와 규칙에 집착한다. 동서양 사고방식의 차이는 고대 그리스와 중국 문화에서 뚜렷하게 제시된다. 척박한 환경에서 교역에 종사해야 했던 그리스 문화에서 개인은 자신의 삶을 통제할 수 있다는 확신을 키워왔다. 토론과 논쟁은 자유와 호기심을 북돋웠고 이는 지식과 원리를 추구하는 과학적 사고의 모태가 되었다. 반면 풍요롭고 드넓은 대지와 강에서 자란 중국인은 가족과 친족을 기본으로 하는 조화로운 인간관계를 으뜸으로 삼아왔다. 집단의 자율성을 중시하는 문화에서 논쟁은 사회적 관계를 해치는 위협 인자로 여겨졌다.

김우창 평론가의 주장을 빌리자면, 세계의 질서와 법칙을 따져 묻는 서양적 사유는 곧 한계에 부딪치지만 바로 그렇기에 그 사유는 무한히 갱신되고 반복되면서 점점 더 초월적 차원으로 나아간다. 비교가 되는 동양적 사고는 도덕적 실천을 중심으로 하기 때문에 규범 자체를 벗어나기가 쉽지 않고 세계에 대한 반성적 사고가 곧바로 전체성으로 이어진다. 이런 사고방식에서는 초월적 경계를 향한 사고의 도약이 아니라 이른바 "수신제가치국평천하"의 단계적 목표치가 나타난다.

그래서 서양이 우월하고 동양이 열등하다? 아니다. 문화상대주의라는 지혜 속에서 서로의 사고와 표현 방식을 이해해서 오류를 줄이자는 것이다. 현실에 적용하자면, 미국은 부통령에 대한 공격이라는 "단 하나의 이유"만으로도 협상을 취소할 생각을 하고, 북한의 경우 자극적 언사 하나에도 무수한 계산이 들어 있다. 차이를 딛고 공존으로 가는 길은 참 멀 것 같다.

04

旅行者の朝食

『미식견문록』

요네하라 마리

먹을거리에 대한 애정과 유머를 가지면 모두가 미식가

"고향에서 뻗어나온 가장 질긴 끈은 영혼, 아니 위에 닿아 있다."

일본의 탁월한 에세이스트이자 소문난 "먹보" 요네하라 마리는 음식이야말로 사람이 가장 마지막까지 벗어날 수 없는 것이라고 생각했다. 위대한 문화나 명예로운 역사도 식욕이라는 원초적 본능 앞에서는 고개를 세우기 어렵다. 먹는 것을 알면 그 사람이 누구인지 알 수 있다는 미식계의 오랜 명언은 양식糧食이 개성과 민족성을 형성하는 엄지가락이라는 것을 알려준다. 체코에서 어린 시절을 보낸 요네하라는 『미식견문록』에서 같은 먹을거리에 대해 동서양이 얼마만큼 다르게 반응하는지 입맛을 다시면서 읽게 만든다. 무엇이든 먹을 수 있는 존재가 사람이지만 그렇다고 아무것이나 덥석 입에 넣지는 않는다. 문화가 기미상궁처럼 검사를 해서 취식 여부를 내리기 때문이다. 프라하의 정육점에 소시지를 사러 간 소녀는 포획한 사슴의 목에서 흐르는 피를 양동이에 받으려고 줄을 선 사람들에게서 드라큘라의 체취를 맡고 기겁한다. 피를 살짝 끓여 젤리처럼 굳혀서 스푼으로 떠먹는 중부 유럽의 식생활을 도저히 이해할 수 없었던 딸에게 엄마의 한마디는 따끔하다.

"네가 좋아하는 소시지도 거의 핏덩어리야."

고대 로마의 연회에서 가장 먼저 나왔던 음식은 날달걀이라고 한다. 알은 생명의 시작이니까 그랬을까. 저자도 최초의 음식에 대한 기억이 삶은 달걀이었다. 달걀광이었던 저자는 매일 달걀을 먹으려고 학교 앞 병아리 파는 아저씨에게 병아리 열두 마리를 샀지만 3일 만에 한 마리만 생존하고 그마저도 도둑고양이가 물고 갔다. 트라우마가 생겨 1년간 닭고기와 달걀을 먹지 못했지만 오므라이스와 카스텔라는 냠냠했다고(역시 어머니의 지적이 있었지만).

살생의 죄책감과 식욕의 충돌은 꼬마의 고민거리만은 아니다. 맹자는 제 선왕이 제물로 끌려가는 소를 살려두라고 하자 대신하는 양은 불쌍하지 않으냐면서 그럼에도 차마 어찌지 못하는 마음을 불인지심不忍之心으로 도출해서 성선설로 연결한다. 동학의 제2대 교주 최시형은 육식과 술·담배 금지령을 해제하면서 이천식천以天食天을 제시한다. 천지만물이 모두 하늘이니 사람과 동식물 모두 서로를 먹고 사는 것은 매한가지로 성스러운 행위라는 것이다. 불교에서 식사를 공양이라고 하는 것도 공희와 같은 어원에서 나왔다. 먹는다는 것은 산다는 것인데 이는 죽임당한 제물 없이 성립할 수 없다. 하지만 제물 또한 다른 제물을 섭취하면서 살아가고 모든 포식자와 피식자는 상대적 관계망에 놓인다. 죄책감 대신 존중감을 가지면 되는 것이다. 밥이나 고기를 하늘처럼 높이면 먹는 사람 또한 하늘이 되는 것이다.

『모모』를 쓴 미하엘 엔데는 언제 어디서나 얼마든지 먹을 수 있고 (식량을) 구할 수 있는 세상을 풍요로운 사회라고 불렀다. 편의점이 24시간 불야성을 이루고 온종일 음식 배달을 시킬 수 있는 지금은 풍요로운 사회일 수 있다. 그럴수록 음식에 대한 애정과 존경의 마음을 가져야 "풍요 속의 빈곤"이 오지 않는다. 마찬가지로 식도락 기행을 다룬 서적들은 차고 넘치지만 유머와 역사와 상식이 이렇게 음식과 잘 버무려진 이 책은 숨은 맛집을 발견한 듯한 기쁨을 준다.

『죽음은 두렵지 않다』

死はこわくない

다치바나 다카시

뇌과학이 알려주는 임사체험과 사후세계

2017년에 대한민국은 고령 사회로 바뀌었다. 장수는 생명체의 꿈이자 의무이지만 반드시 긍정적인 것만은 아니다. 늙고 병든 몸을 스스로 돌보기 어렵고 기억을 잃어버리는 치매의 위험은 커져가기 때문이다. 사회가 노인을 돌본다고 하지만 언론이 고발하는 요양원의 실태는 우울감을 부른다. 유병장수有病長壽의 그늘에도 불구하고 죽음에 대한 공포와 불안은 압도적이다. 신화의 영웅 아킬레우스조차 가난한 농부의 종살이를 하더라도 이승에서 살겠다고 할 정도가 아닌가.『죽음은 두렵지 않다』는 상식적인 죽음관을 뒤엎는 책이다. "지知의 거인" 혹은 "지식의 편의점"으로 수식되는 저자 다치바나 다카시는 죽음을 꿈에 비유한다. 존엄사나 뇌사 등 인간의 종말과 관련한 현상들을 취재해온 저자는 자연스러운 죽음이 좋은 꿈과 같다고 말한다. 사망선고까지 받았다가 구사일생으로 살아난 사람들의 임사체험near death experience도 쇠약해진 뇌가 만들어낸 사실적(!) 판타지라는 설명이다.

다치바나 다카시에 따르면 죽음을 생각하는 방식은 크게 두 가지다. 우선 인간은 죽어서 티끌로 환원되며 고유한 의식 따위는 사라진다는 관념이다. 사후세계는 사후세계가 있기를 바라는 집단소망이 빚어낸 꿈같은 대상이다. 그러나 죽음 이후에 또 다른 세계로 진입한다는 견해도 견고하다. 죽음을 학문적으로 파악하려고 했던 엘리자베스 퀴블러 로스에게 육체는 사람의 껍질에 지나지 않는다. 몸은 소멸해도 혼은 이데아의 세계로 돌아간다는 플라톤 철학의 후예답게 죽음은 육체에서 해방되는 것이기 때문에 "몹시 고대되는" 시간이라는 입장이다. 저자는 "말할 수 없는 것에 대해서는 침묵해야 한다"는 언명을 원용하면서 이것은 정답을 도출할 수 있는 문제가 아니라고 생각한다.

하지만 1991년과 2014년 두 차례에 걸쳐 NHK방송과 만든 다큐멘터리에서 그는 죽음에 대해 진전된 인식을 드러낸다. 임사체험도 뇌가 이야기를 만들어낸 것이라는 주장을 최신 연구 성과를 바탕으로 소개한다. 흔히 죽었다고 판정하는 심정지 후에도 수십 초에 걸쳐 미세한 뇌파가 계속 이어지고 신경세포 수준에서도 죽음의 찰나에 뇌의 활동이 수십 초간 활발해진다. 과학기술의 발달에 따라 현상을 측정하는 기기가 개발되고 감도가 보다 정밀해지면서 사후세계나 체외이탈이라고 믿었던 현상들에 대한 과학적 설명이 가능해진 셈이다. 죽음의 위기에 처한 뇌가 빚어내는 작용을 "신비체험"으로 확대해석할 필요가 없다는 소리다.

그렇다고 해서 초월적인 관점을 부정하는 것은 아니다. 죽음의 문턱을 경험한 이들의 진실 또한 존중되어야 한다. 특정한 사건과 사고를 주관적으로 이해하는 것과 객관적으로 논증하는 것은 개인의 선택에 달려 있으니 말이다. 중요한 것은 죽음에 대한 막연한 공포를 벗어던지는 일이다. 그리스 철학자 에피쿠로스의 말대로 죽음은 두려워할 때 아직 오지 않고, 찾아왔을 때는 우리가 존재하지 않으니 두려워할 대상이 아니라는 게 암과 심장병으로 투병하는 79세 저자의 전언이다.

『세계사를 바꾼 전염병들』

Outbreak:
Plagues that Changed History

브린 바너드

시간과 공간을 뛰어넘는 병원균들의 생명력

신종 코로나 바이러스가 창궐하여 세계를 흔들어댄다. 으레 등장하는 음모론은 미국 군산이 살포했다는 갑론과 중국 실험실에서 유출됐다는 을박의 육박전이다. 화살을 맞은 사람의 상처를 돌보지 않고 누가 쐈느냐만 집착하는 중생의 어리석음이라고나 할까. 아무튼 인류의 역사는 전염병의 도전에 맞선 응전의 역사로 규정할 수 있다. 수천 년 혹은 수백 년 동안 인간과 사회는 천연두와 페스트, 콜레라와 결핵으로 고생해왔다. 병균에게만 책임을 돌릴 수는 없다. 농사를 짓고 가축을 기르는 인간 사회가 병원균의 못자리가 되어줬기 때문이다. 가족을 넘어 마을과 국가로 교류가 활발해질수록 신종 미생물에 노출될 위험은 커진다.

이런 연유로 아테네와 로마 같은 국가들이나 영웅 나폴레옹도 한낱 미물에 무너졌다. 스파르타와 건곤일척을 겨루려던 아테네 해군은 역병으로 전의를 상실했고, 러시아 원정에 나선 보나파르트의 군대도 발진티푸스로 맥을 못 췄다. 『세계사를 바꾼 전염병들』을 읽다 보면 인류의 도살자는 전쟁이나 기근이 아니라 병균이라는 사실을 납득하게 된다. 실제로 1904년 러일전쟁 이전까지 전투가 아니라 질병으로 목숨을 잃은 병사들의 비율이 압도적이다. 한 나라의 명운을 넘어 한 시대를 열고 닫은 것도 세균이다. 중세 1000년의 시작과 끝에는 흑사병이 자리한다. 아프리카에서 돌아온 동로마 군대가 묻혀 온 페스트균은 제국을 쇠퇴시키면서 교황권을 득세시킨 수훈갑이었다. 14세기 중엽 타타르 전사들과 싸우다 도망쳐 온 제노바 상인들이 유행시킨 제2차 흑사병은 300년간 유럽을 강타했다.

원죄를 갖고 태어났으니 견디라는 교회의 설교는 분노만 유발하면서 종교개혁의 불씨를 키웠다. 대학살 수준으로 인구가 줄어드니 임금이 올라가고 농노들은 완강한 신분제의 사슬을 끊기 시작했다. 죽은 이들이 남긴 재산으로 수년 만에 수 세대가 이룰 부를 쌓은 사람들, 후대에 부르주아지의 조상이 될 계층이 형성되고 상속을 둘러싼 법률과 소송 등 사법 인프라가 정비됐다. 근대과학을 밝힌 뉴턴이 만유인력의 법칙을 정리한 것도 페스트의 유행으로 귀향한 것과 관계가 깊다. 근대를 만든 세 가지, 즉 자본주의, 과학, 종교개혁이 모두 쥐벼룩의 기생충 박테리아에서 태동한 것이다.

천연두 또한 아메리카의 임자를 내쫓았다. 1492년 콜럼버스 원정대를 필두로 유럽인이 퍼뜨린 마마바이러스는 인디언과 인디오 인구의 최대 95퍼센트까지 멸살한 생물학무기였다. 면역력이 약한 선주민들이 사라지자 부족한 노동력을 메꾸기 위해 출현한 것이 아프리카에서 벌어진 대규모 노예사냥이다. 역설적인 대목은 흑인 노예들이 가져온 황열병 때문에 백인들이 죽어나가면서 노예제가 폐지된 것이다. 이 밖에도 공중위생에 획기적 발전을 가져온 콜레라, 침 뱉기를 금지하고 청결에 집착하게 만든 결핵, 세계대전보다 더 많은 사람을 죽인 스페인독감이 증명하듯 만물의 영장은 미생물이 아닐까. 그러나 저자의 강조점은 공생이다. 항생제와 살충제로 압박할수록 자기 변신에 능란한 것이 병균이 아니던가. 적과의 동거를 수용하는 것이 성명을 보전하는 비결이다. 위험하지 않으냐고? 손만 잘 씻어도 안전하다는 결론을 신뢰한다.

『종의 기원』

On the Origin of Species

찰스 다윈

과학에서 가장 중요한 아이디어

내일 지구가 끝장난다면 물리학자들이 남기고 싶은 나무 한 그루는 무엇일까. 노벨상 수상자인 리처드 파인먼은 "모든 물질은 원자로 이루어져 있다"는 묘목이 온갖 수수께끼를 푸는 "세계수world tree"가 될 것이라고 말한다. 하지만 과학에서 가장 중요한 아이디어는 진화론이라고 주장하는 이들이 많다. 단순히 학문의 패권을 다투는 승부욕이 아니라 인간과 생명, 심지어 별을 포함한 삼라만상이 진화의 사슬에서 벗어날 수 없다는 이유에서다.

거칠게 요약하면 진화는 모든 동식물의 조상이 같으며, 신이 창조한 것이 아니라 자연에 의해 변화하고 적응하면서 생명이 다양해졌다는 이야기다. 1859년 출간된 『종의 기원』은 바이블의 지배를 종식하고 인간 중심주의의 숨통을 끊어버린 결정적 "한 방"이됐다. 책을 쓴 찰스 다윈이 신학을 공부하러 간 대학에서 진화에관한 발상을 얻은 것은 아이로니컬하다. 사실 종이 변화한다는 생각은 다윈만의 전매특허가 아니다. 프랑스의 라마르크는 목이 긴기린을 설명하면서 용불용설, 즉 노력을 통해 진화할 수 있다고 봤다. 하등생물에서 고등생물로 상승하는 사다리 혹은 계단식 모델이다. 하지만 이것은 어떤 목표를 향해 나아가는 "진보"이지 "진화"는 아니다.

『종의 기원』은 오직 환경의 변화에만 적응하는 무목적성을 가진 진화론의 참모습을 보여준다. 모든 종의 기원은 동일하지만 끊임없이 분화가 일어나 다양해지며 이것은 생명의 나무로 묘사될수 있다. 즉 생명은 밑에서 위로 올라가는 것이 아니라 한 줄기에서뻗어 나온 가지들이 계속해서 갈라져 나가듯이 위계나 서열을 정할 수 없다. 따라서 다윈의 이론을 기초로 서양의 식민지 지배를 정당화하는 사회진화론은 애당초 학문적 발언권을 획득할 수 없는, 제국주의의 엉터리 통치 이데올로기에 불과하다.

그럼에도 뛰어난 개체만이 살아남는다는 왜곡된 "적자생존" 개념이 불평등한 사회를 정당화하는 데 이용되는 것도 현실이다. 다윈이 말한 자연선택은, 자연이 수백만의 종을 만들어내는 것은 "자연스러운" 선택이라는 뜻이다. 타고난 왕후장상의 개체가 따로 있는 것이 아니라 환경에 따라 유리한 개체가 그때그때 뽑힌다. 공해가 심하면 어두운색의 나비가, 공기가 좋으면 밝은색의 나비가 생존경쟁에 장점이 있다는 것이다. 인종과 문화에 선천적인 우열이 있을 수 없고 변화의 방향도 예상할 수 없으니 현상을 가지고 우열을 논하는 일은 자연스럽지 않다는 의미를 머금고 있다.

아무튼 생존과 번식을 추구하는 생명의 입장에서는 변이의 다양성이 절대적이다. 어떤 환경 변화에도 살아남을 확률이 높아지기 때문이다. 인간이라는 종이 사회적 동물이 된 이유가 여기에 있는 듯하다. 대도시에서 난다 긴다 하는 엘리트도 심심산골에서는 제 몸 하나 건사도 못 하는 바보 천치가 될 수 있다. 모두가 같은 형질을 가지면 특정한 조건에서는 몰살될 수도 있으니 이제는 경쟁보다 공생이다. 다윈이 말하는 경쟁도 일등을 위한 것이 아니고 환경에 적응하기 위한 것이라니 가치와 평가의 척도를 다양화하는 일은 우리의 생존을 위해서 필수적이다.

08

스티븐 호킹

『시간의 역사』

A Brief History of Time

무한한 시간과 광활한 우주를 향한 끝없는 열망

낙원에서 쫓겨난 이후 땅은 고난의 공간이었다. 먹을거리는 저절로 입에 들어오지 않는다. 재난과 재해는 삶을 괴롭히는 불청객들이다. 바다도 아차 잘못하면 횡액을 만나는 무대다. 고단한 심신을 의지할 곳은 눈 들어 쳐다보는 하늘이다. 밤하늘의 별들은 변함없이 반짝이고 한결같은 궤적을 그린다. 영원하고 무한한 우주를 바라보는 일은 태고 때부터 상속받은 인류의 슬기이자 본성이다. 아인슈타인 다음으로 가장 많이 알려진 물리학자 스티븐 호킹이 펴낸 『시간의 역사』가 1000만 부 이상 팔린 것은 어쩌면 당연할지도 모르겠다. 숫자와 공식은 거의 없지만 쉽지 않은 과학 서적임에도 베스트셀러가 된 것은 "짧고, 추하고, 짐승 같은" 세속의 삶과 대비되는 끝없는 시공간에의 열망을 담고 있기 때문이다.

호킹에 따르면, 별의 시작이 빅뱅이고 끝은 블랙홀이다. 지금부터 137억 년 전, 우주는 찰나에 급팽창하면서 폭발을 일으켰다. 상상할 수 없는 온도로 열천지가 펼쳐지면서 광자·전자·쿼크와 같은 소립자들이 생겨났다. 특수상대성이론이 말해주듯이 에너지는 질량과 동등하기에 열은 물질을 창출한다. 쿼크가 모여서 양성자와 중성자를 만들고, 양성자와 중성자는 수소와 헬륨을 만들어냈다. 태초의 3분간에 현재 우주에 존재하는 물질의 98퍼센트가 생성되었으니 시작이 얼마나 위대한 것인가.

대폭발로부터 38만 년이 흘러 우주의 절대온도가 3000K로 내려가자 원자핵이 전자를 포섭해 원자가 탄생하면서 그동안 물질에 갇혀 뻗어 나가지 못했던 빛이 전방위로 달리기 시작했다. 이때 나온 빛, 즉 우주배경복사를 관측하는 데 성공하면서 빅뱅이론은 우주의 기원에 대한 적통을 공인받게 됐다. 우주배경복사는 현재 절대온도 2.7도에 마이크로파로 잡히는데, 보정하기 전의 모습은 흡사 태극무늬를 연상시킨다. 빅뱅이 가설로 머물던 1970년에 호킹은 동료 펜로즈와 함께 대폭발의 특이점이 있을 수밖에 없음을 증명했다. 끝도 시작도 없을 것 같은 우주에 나이가 있다는 사실을 입증하는 데 일익을 담당한 것이다.

영원불멸하게 지상에서 떠받드는 별들도 사멸의 운명을 벗어날 수 없다. 수소를 헬륨으로 변환하는 핵융합으로 얻어진 별빛은 연료가 다 떨어지면 결국 꺼지게 된다. 태양보다 훨씬 크고 무거운 별은 초신성으로 불리는 엄청난 폭발을 일으키며 생을 마감하고 묻히는 무덤이 블랙홀이다. 블랙홀은 중력이 너무 커서 심지어 빛조차 들어가면 다시는 나올 수 없다. 2019년 사상 최초로 블랙홀을 찍는 데 성공해 물증도 확보됐다. 호킹은 빅뱅에 이어 블랙홀에서 연타석 히트를 기록했다. 블랙홀에서도 빛이나 입자가 방출되어 나중에는 흔적도 없이 사라진다는 호킹 복사를 주장한 것이다. 우주에 존재하는 정보나 에너지는 영원히 사라지지 않는다는 물리학의 근본 법칙과 위배된다는 반박이 끊이지 않고 있지만, 아무튼 선구자의 행보로는 부족함이 없다. 그런데 왜 호킹은 노벨상을 못 받았나. 실험을 통해 검증된 업적에 주는 것이 노벨상인데, 그의 이론 대부분이 직접적인 증거를 내놓기가 어려워서다.

6장

인간

위대한
패배자

01

볼프 슈나이더

『위대한 패배자』

Grosse Verlierer

실패만큼 성공적인 것이 없다

얼마 후면 한가위다. 그해의 수확을 나누고 기쁨을 함께하는 축제여야 마땅하지만, 현실은 엇박자인 경우가 많다. 진학과 취업, 결혼을 이루지 못한 젊은이에게 명절은 압박면접이다. 등기부나 명함에 이름을 새기지 못한 중장년에게는 비교와 비난이 빗발치는 시간이 추석이다. 삶이라는 전쟁터에서 잠시 주어진 중간 휴식이 실제로는 승자와 패자가 대나무 쪼개지듯 갈라지는 심판대로 바뀌었다. 모처럼 상봉한 친족끼리 아파트 평수와 자동차 배기량을 재고 견주면서 우열을 정하느라 분주하다.

과연 승자는 좋고 패자는 나쁠까.『만들어진 승리자들』로 승자의 역사를 탐구했던 독일 언론인 볼프 슈나이더는 세상을 괜찮게 만드는 것은 오히려 패배자들이라고 말한다. 인간적 측면에서 보면 패자보다 야비하고 비정한 인성을 가진 승자들이 수두룩하다. "이기면 그만"이라는 결과 중심의 사회에서 수단과 방법을 가리지 않는 냉혹함과 뻔뻔함이 승리자에게 요구되는 품성일 수도 있다는 것이다.

그래서 슈나이더는『위대한 패배자』를 쓰면서, 꿈을 향해 돌진하다 스러졌거나 아름다운 퇴장을 보여준 인물들을 호명한다. "사막의 여우"로 불린 에르빈 롬멜을 보자. 독일의 롬멜 장군은 제2차 세계대전에서 아군과 적군 모두에게 인격과 능력을 인정받은 전쟁 영웅이다. 처칠 수상조차 위대한 장수라고 평가할 정도였다. 그러나 국민장군 롬멜은 히틀러 암살 미수 사건과 관련되어 결국 자살을 강요받고 목숨을 끊는다. 비운의 패배자로 사라진 것 같지만 오늘도 그의 무덤에는 조의와 헌화가 끊이지 않고 있다. 롬멜의 삶이야말로 "실패만큼 성공적인 것이 없다"는 패자부활의 사례로 꼽힐 만하다.

쿠바의 혁명가 체 게바라도 비슷한 평가를 받고 있다. 베레모와 덥수룩한 수염, 꿈꾸는 듯한 눈빛으로 현대판 예수를 연상시키는 게바라는 고국 아르헨티나를 떠나 쿠바에서 성공을 거둔 이후에도 아프리카와 남아메리카 해방을 꿈꾸다 죽었다. 다혈질에다 직접 배신자의 머리통에다 방아쇠를 당기는 잔인함을 보였지만 사람들의 동정과 여성들의 애정을 그토록 넘치게 받은 경우가 있었던가 싶다.

항상 구멍 난 양말을 신고 금욕과 노동에 열중한 그를 국민은 사랑했지만 현실 권력은 불편해했다. 모든 관직을 내던지고 다시 풍차를 향해 무모하게 돌진하는 돈키호테의 길을 떠난 게바라는 볼리비아에서 붙잡혀 극비리에 총살된다. 하지만 그의 사진은 티셔츠, 모자, 열쇠고리, 시계, 커피 잔에 부착되고, 이름을 딴 시계와 맥주는 끊임없이 팔리고 있다.

오묘하게도 동료나 가족에 배신당하고 조국에 버림받은 사람들이 역사에서 부활하는 경우가 부지기수다. 생전에 받지 못한 칭송을 하다못해 사후에라도 얻게 된다는 것은 참 역설적이다. 패배한 위인들은 그래도 자웅을 겨뤄볼 기회라도 있었지만 대부분의 일반인은 쓰라린 현실을 가슴에 품고 묵묵히 살아간다. 바로 이렇게 호승지심好勝之心을 부리지 않는 사람들이 존재하기에 삶과 세상은 그나마 돌아가지 않을까. 그런 의미에서 위대한 패배자는 보통 사람들에게 바치는 헌사다.

『역사의 파편들』

Pot Shards: Fragments of a Life Lived in CIA, the White House, and the Two Koreas

도널드 P. 그레그

인문학적 훈련이 만들어낸 일급 첩보원

북한 비핵화와 한반도 종전선언을 놓고 입씨름이 계속되고 있다. 역사적 평양 방문 직후 뉴욕에 간 문재인 대통령은 평화를 위한 종전선언을 역설했다. 그러나 한국의 오른쪽 언론들이 단골로 찾는 미국의 "전문가"들은 한미 동맹의 약화가 우려된다며 어깃장을 놓고 있다. 반대로 미국의 석학 놈 촘스키와 시민단체들은 트럼프 대통령에게 먼저 북한에 손을 내밀어 신뢰를 쌓을 것을 촉구한다. 재미있는 대목은 이들이 북미 관계 개선을 다룰 특별대표로 도널드 그레그를 지목한 것이다.

도널드 그레그가 누구인가? 1980년대 말 "반전반핵가"를 부르던 대학가의 집회나 술자리 선전선동에 등장하던 "핵무기 타고 한반도 달리던" 그 주한 미국대사다. 미제의 아이콘이던 그레그가 이제는 "친북"의 딱지까지 붙고 있으니 역사와 인간의 양면성을 실감하게 된다. 1927년생인 그는 한반도 비핵화의 첫 단추가 꿰어지던 1991년에 미국대사로 중요한 역할을 했지만 미 중앙정보국CIA 직원으로도 남북한에 깊숙이 개입했다. 몇 년 전 펴낸 회고록 『역사의 파편들』은 남북한 최고 권력자와 역사적 사건들에 관찰자로 혹은 행위자로 참여했던 비화와 증언으로 가득하다.

사실 그레그 대사는 한국의 평화적 정권 교체를 실현시킨 산파 역할을 했다. 1973년 8월에 일어난 김대중 납치사건 때 CIA 한국 지국장으로 맹활약을 펼쳐 김대중 전 대통령을 기사회생시켰다. 여하튼 미국의 이해관계에 따라 이뤄진 일이지만, 우리 민주주의의 결절점을 만드는 데 공헌한 것이다. 공교롭게도 정보 업무에 종사한 주한 미국대사들과 한국 민주주의는 함수관계를 맺고 있다. 그레그처럼 CIA 출신인 제임스 릴리는 1987년 6월항쟁에, 해군 정보장교를 지낸 마크 리퍼트는 2016년 촛불집회 당시 서울의 대사관저에서 무슨 활동을 했을까. 이들이 인문학을 전공한 점도 공통적이다. 철학을 전공한 그레그나 문학을 전공한 릴리 등을 보자면 역시 겉모습보다 그 뒤에 숨은 실체를, 타고난 본성보다는 형성된 역사를 파악하라는 인문학적 훈련이 정보원의 사고방식과 일맥상통하지 않을까 하는 생각이 든다.

기본적으로 그레그는 CIA 국장을 지낸 "아버지" 부시 대통령의 심복이었다. 나아가 미국의 국익을 냉전의 최일선인 한반도에서 지켜낸 "십자군"이었다. 본인에게는 애국적 활동이지만 한국의 독자로서 혈압이 올라가는 경험을 꽤 하게 된다. 독재정권의 뜨르르한 핵심 인사도 푸념 한 번에 날리거나 한국 장관에게 전화 한 통으로 미국 회사의 이권을 관철시키는 대목은 "웃프고" 씁쓸하다.

그럼에도 그레그는 대사 시절 광주의 재야 인사들과 시도한 대화의 교훈으로 냉전전사에서 평화사절로 변신할 수 있었다고 추억한다. 인간적 존중을 우선적으로 지켜나가면 똑같이 존중받는다는 사실을 깨달았다는 것이다. 남한에서의 체험이 그를 북미 화해의 선봉장으로 만들었다는 회고에서 역사는 참으로 절묘하게 작용한다고 재삼 느끼게 된다.

03

하비 콕스

When Jesus Came to Harvard:
Making Moral Choices Today

『예수 하버드에 오다』

예수에게서 배우는 윤리적 삶

한 해의 끝자락에 크리스마스가 놓여 있는 것은 어떤 의미일까. 늘 다사다난으로 귀결되는 세모歲暮이지만 그래도 신은 인간을 잊지 않고 있다는, 판도라의 희망처럼 아기 예수를 내려보냈다고 멋대로 위안해본다. 신이 인간으로 육화한 이야기는 매력적이지만 당혹스럽다. 오른뺨을 맞거든 왼뺨도 내밀고, 원수를 사랑하고, 내일을 걱정하지 말라는 가르침이 머리에서 심장까지 가려면 평생도 모자라지 않을까 싶다.

그런데 2000여 년 전 예수의 행적이 오늘 우리가 당면한 윤리적 문제를 해결하는 "선행학습"이 된다는 목소리가 있다. 20세기 10대 신학자로 손꼽히는 하비 콕스는 하버드대학에서 "예수와 윤리적 삶"이라는 강좌를 개설해서 학생들이 겪거나 겪게 될 도덕적 딜레마를 예수의 생애와 활동을 통해 논의해왔다. 그 결과물로 나온 책『예수 하버드에 오다』는 예수를 당시 유대 사회의 율법을 연구하고 실생활에 적용하는 교사 랍비로서 파악한다.

복음서를 보면, 예수는 혈통적으로 아브라함이나 다윗과 같은 유대의 주류 인물과 연결된다. 흥미롭게도 마태복음에서는 네 명의 여인도 거론된다. 시아버지 유다와 동침해서 예수의 조상이 된 베레스를 낳은 다말, 예언자 가계의 모태가 된 기생 라합, 다윗의 조상을 낳은 이방인 룻, 솔로몬을 출산한 헷 사람(밧세바)이 그들이다. 가장 소외되고 멸시받는 여성뿐만 아니라 성탄을 축하하러 온 동방박사에 대한 기록 또한 의미심장하다. 아기 예수가 유대의 왕손뿐만 아니라 이방인과도 이어지고 여인까지 포용하는 새로운 세상을 열어갈 존재임을 선포하는 것 같다.

출생부터 약자와 이異문화에 개방적인 예수는 40일간 광야에서 시련과 수련의 시간을 가진다. 돌을 빵으로 만들고 성전 꼭대기에서 떨어져보라거나 모든 나라와 그 영광을 주겠다는 악마의 시험과 유혹은 위협적이고 강렬하다. 왜 예수는 신적 능력을 발휘하지 않았을까. 인간이 기적의 노예가 되지 않기를 바랐다는 풀이가 있지만 흔쾌하지는 않다.

콕스는 예수가 치른 시험을 확실한 결과에만 집착하고 타인의 인정을 받겠다는, 그리고 할 만큼 다했다며 책임을 떠넘기는 인간의 욕망과 비교한다. 자연과 사회의 거센 폭력은 언제든 사람을 깨뜨릴 수 있기에 눈에 보이는 기적을 요구하는 것은 본능적 열망과도 같다. 2006년 이탈리아에서 가톨릭 신도들의 청원 기도 대상을 살펴보니, 예수는 2퍼센트, 성모마리아는 9퍼센트인 반면 공중부양 등 초능력으로 유명했던 한 신부가 압도적 비중을 차지했다는 조사 결과도 이를 방증한다. 실제로 예수의 활동 초기 사람들이 결사적으로 따랐던 까닭도 병에서 낫기 위해서였다. 하지만 예수는 선전하지 않는다. 조용히 앓는 이들을 고쳐서 다시 사람들과 어울려 살게 만든다. 외경한 메시아가 아니라 사람의 아들로서 윤리적 삶이 단독비행이 아니라는 것을 알려주는 존재가 "교사"로서의 랍비 예수였다. 그런 의미에서 누군가를 위해서, 특히 친구 없는 약자들과 끝까지 함께하는 사람은 누구나 예수의 길을 걷는다고 할 수 있겠다.

The Korean War: A History

『브루스 커밍스의 한국전쟁』

브루스 커밍스

"다 같이 죽자"에서 "다 함께 살자"로

역사의 핵심적 의미는 우리의 현실이 당연한 것이 아니며 어김없는 필연은 없다는 사실을 일깨워주는 데 있다고 타이완 학자 양자오는 말한다. 한반도 냉전이라는 빙산을 녹이려는 이즈음에 남북한이 70여 년을 이어온 거대한 증오와 대결의 계보를 추적하는 독서도 괜찮지 싶다. 1980년대 한국전쟁에 대한 수정주의적 해석으로 충격과 파란을 일으켰던 브루스 커밍스 시카고대학 교수가 이후의 논의와 성과를 요령 있게 집약한 결과를 내놓았다. 『브루스 커밍스의 한국전쟁』을 읽다 보면 "과거는 외국"이라는 말이 절로 떠오른다. 1950년 한반도라는 시공간에는 낯선 사람들이 이해하기 힘든 표정과 행동으로 살아가고 있었다. 지금 같으면 상상할 수 없는 일들이 당시의 맥락에서는 받아들여졌다. 과거와 현재 사이의 차이를 되새기면서 다양한 경로의 역사가 펼쳐졌을 가능성 앞에 오만하지 않아야 한다는 메시지를 읽게 된다.

한국전쟁은 소련의 지원을 받은 김일성 정권의 침략전쟁이고 이것은 1990년대 소련 해체 이후 발굴된 각종 문서와 기록으로 재차 입증됐다고 전통주의적 해석은 목소리를 높인다. 그렇지만 커밍스는 한결같다. 전쟁은 일제강점기 지주와 소작농의 계급 분열과 더불어 친일파와 항일파의 충돌에서 비롯된 내전이라는 주장을 굽히지 않는다. 대외적으로 유엔에 한국 정부 수립 안건이 상정된 것도 북한 정권에는 일본의 한반도 재침략이라는 치명적 위협으로 인식됐다고 한다. 항일무장투쟁을 주도했다고 확신한 북한의 지도부에게 역사의 순리는 일제에 맞선 자신들이 한반도 전체를 담당하고 친일파들은 대가를 치러야 하는 것이었다. 그들에 따르면

6.25는 1931년 만주사변 이후 전개된 일본과의 무장투쟁에서부터 시작됐으며 식민지의 상흔을 제거하려는 "해방전쟁"은 미국의 개입으로 무산된 셈이다.

과거가 현재를 지배하고 살아남기 위한 투쟁이 여전한 북한에서는 일본이나 미국과의 전쟁은 종료되지 않은 실제 상황이다. 반면 미국에게 북한은 망각의 존재다. 푸에블로호나 미루나무 사건 등 미군이 관련된 사건 때나 관심을 가지는 정도였다. 어쩌면 북한의 핵개발도 "최후의 승리"나 "생존의 몸부림" 이전에 미국의 주의를 끌어 전쟁에서 벗어나고 싶다는 체제적 본능일지도 모르겠다. 집요하고 일관되게 한반도 종전선언을 강조하고 압박하는 것도 그런 맥락에서 짐작이 된다.

아무튼 군사적 해법은 과거에도 지금도 없다는 저자의 주장은 질릴 것 같지 않은 "학문적" 주조음이다. 그런데 왜 한국전쟁을 계속 연구하고 공부해야 하는가. 책임을 묻거나 싸움을 하기 위해서? 커밍스는 골육상잔을 수습한 어르신들의 지혜를 주목한다. 마을 원로들은 누가 누구를 죽였는지 밝히지 말고 복수를 금하자는 단안을 내렸다. 지금은 남북의 화해를 도모하고 북미 간 숙원宿怨을 해소하는 지혜를 얻을 때다. 북한을 이해하려는 자세는 결코 "친북"에 공감하거나 "종북"에 동조하는 것이 아니다. 저자의 말처럼 이데올로기라는 바늘구멍을 통해 북한을 왜곡하지 않고 있는 그대로 수용하면서 공존을 모색하는 길일 뿐이다.

『고종 시대의 리더십』

오인환

19세기에서 배우는 21세기

두 차례 세계대전을 겪은 독일의 문호 토마스 만은 현대에서 인간의 운명은 정치적으로 결정된다고 술회했다. 개인과 기업, 국가의 진로와 존망까지 문어발식 확장을 거듭하는 것이 정치다. 국내외 정세의 거센 흐름을 인식하고 조응하지 못하는 조직과 민족은 침몰할 수밖에 없다. 문민정부의 시종始終을 같이했던 오인환 전 공보처장관은 21세기의 한국이 국가적 위기를 보다 능숙하게 관리하려면 조선의 마지막 임금 고종을 벤치마킹하는 작업이 필요하다고 본다. 고종 시대만큼 세계열강으로부터 갖가지 압력과 침략을 받은 위기는 민족사상 유례가 없기 때문이다. 외환 위기에다 내부의 민생파탄과 권력투쟁까지 겹쳐 조선의 위기관리는 실패했고 결과는 국망國亡으로 나타났다. 하지만 "당대의 실패는 후대에 축복"이라는 말처럼, 고종 시대의 좌절과 실책은 오늘날 가장 좋은 "케이스 스터디"로 활용될 수 있다.

저자는 500년간 다양한 위기관리 능력을 축적해온 조선의 통치 엘리트가 왜 19세기의 내우외환을 넘어서지 못했는지 질문한다. 부정부패로 인한 사회 전 분야의 양극화와 엘리트 충원구조의 붕괴, 그리고 세계정세에 대한 정보 부족과 오판 등이 모범 답안이다. 그러나 책은 위기관리의 주체인 권력핵심부inner circle의 인식과 실천에 주목한다. 어린 고종을 대신해 섭정했던 흥선대원군은 10년간 최고의사결정권을 휘둘렀다. 동양의 3대 호걸이자 조선의 3대 개혁가로 꼽힐 만큼 과단성과 추진력을 갖춘 대원군은 서원 철폐와 세제 개혁 등을 밀어붙였다. 재정 기반을 확충하면서 단군 이래 가장 튼튼한 국방력을 갖춘 인물로도 평가받았다.

그러나 가장 유능한 위기관리자라는 대원군은 자신의 역량에 대한 오만과 오판으로 개방과 개화의 시대적 흐름을 읽지 못했다. 고종 시대 대외 프로그램의 초깃값으로 설정된 대원군의 쇄국정책은 망국의 경로가 됐다. 특히 위정척사 사상이 쇄국을 뒷받침하는 이데올로기가 되면서 새로운 현실에 대응할 사상과 논리가 활성화되지 못한 것이 뼈아프다. 게다가 성년이 된 고종의 친정 선언으로 하루아침에 몰락한 대원군의 배신감과 증오심은 아들 부부에 대한 끝없는 복수혈전으로 이어졌다. 왕실과 조정은 두 쪽으로 쪼개져 지배층의 응집력과 유대감은 희미해졌고 이것은 국가 위기관리 능력을 떨어뜨리는 동시에 외세 개입의 단서가 되었다.

결국 고종을 둘러싼 통치집단 내부의 분열과 대립으로 대내외 정세에 대한 객관적 인식과 냉철한 판단이 내려지지 못하면서 국가적 위기관리는 실패로 돌아갔다. 대원군을 비롯한 국정 담당자들은 원한과 복수에 사로잡혀 외세를 동원해서라도 정국 주도권을 잡겠다며 탈선했다. 즉, 공적 위기를 개인적 호기로 악용하면서 가족과 나라 모두가 망했다는 것이다. 반박도 만만찮다. 국사학자 이태진은 대원군과 민왕후의 대립, 그 사이에서 휘둘린 고종이라는 "삼각관계"가 일본 제국주의의 침략을 정당화하기 위한 프레임 조작이었다고 비판한다. 일제는 고종을 망국의 암군暗君으로 몰고 대원군과 민왕후의 골육상쟁을 부각시키면서 조선이 식민지가 될 수밖에 없는 필연성을 강조하려고 역사 왜곡을 했다는 것이다.

『노동의 새벽』

박노해

아직도 어두운 노동의 밤

반세기 전 어느 늦가을 날, "내 죽음을 헛되이 말라"며 한 청년 노동자가 분신했다. 전태일 열사, 그는 열악한 노동 현실과 척박한 민주주의를 한 단계 전진시킨 거대한 바퀴였다. 그러나 작가 김훈은 "변한 것이 없다"며 비관적이다. 지하철 구의역에서 어처구니없이 숨진 김 군과 태안발전소에서 터무니없이 스러진 김용균 씨는 노동자들의 목숨이 "추풍낙엽"에 불과하다는 것을 엄중하게 일깨운다.

2014년 세월호 참사를 계기로 일어난 생명과 안전에 대한 각성은 국민들만의 가슴앓이인 듯싶다. 국회, 정부, 기업은 "철의 삼각동맹"을 만들었는지 꿈쩍도 하지 않는다. 돈 없고 "빽" 없는 노동자의 2세들이 대를 이어 다치고 죽어나가는 현실은 대한민국이 민주공화국이 아니라 신분 세습 사회라는 의심까지 낳고 있다. 해마다 같은 사고로 생때같은 생명이 소멸하는 참사를 목도하면서 떠오른 책이 『노동의 새벽』이다. "얼굴 없는 시인" 박노해의 첫 시집은 현장 노동자의 작품이라는 화제성을 넘어 참혹한 노동 현실을 폭로하고 고발했다. 문제는 1984년에 나온 시들의 시간이 고정되어 있다는 것이다. 시간을 이기는 좋은 시라는 의미만은 아니다. 노동자에게는 지금이나 그때나 변함없는 "시시포스의 형벌"과도 같은 생활이 계속되고 있다는 한탄이다.

「손 무덤」을 보자. 프레스에 손목이 날아간 노동자는 트럭 짐칸에 실려 병원에 가고 차마 가족에게 잘린 손을 건넬 수 없어 공장 담벼락에 묻는다는 충격적인 내용이다. 「지문을 부른다」는 혹독한 노동으로 지문이 사라져버린 노동자들의 참상을 드러낸다. 주민등록 갱신을 위해 지문을 찍어야 하지만 아무리 찍어도 지문은 나오지 않는다. "지문도, 청춘도, 존재마저/사라져 버렸나 봐"라는 시구는 인간소외의 한 극단이다. 불안과 불만의 세월은 표제작「노동의 새벽」에서 죽음의 예감으로 육박한다. "이러다간 오래 못 가지/이러다간 끝내 못 가지" 당시 노동자 박노해의 해법은 행동이었다. 시인에서 혁명가로 계급투쟁을 선동하며 실천했다. "기업주와 노동자는 사슴과 돼지처럼/결코 동등할 수 없다는"(「대결」) 계급의식으로 무장해서 "살아 움직이며 실천하는 노동자만이/진실로 인간"(「진짜 노동자」)이라고 호소했다.

그러나 악인을 징치하고 정의가 승리하는 사회는 드라마와 무협지의 세계다. 뼛속들이 선인이나 악인인 사람들도 양면성을 가지기에 현실은 비극적이다. 세속에서는 천사와 악마가 각각 발언권을 요구하면서 정당성을 다툰다. 『노동의 새벽』이 세계와 인간이 가진 간격과 모순에 대한 총체적인 인식을 포기하고 노동계급의 당파성과 정치성만을 부각한다는 혐의를 받는 배경이다. 그렇지만 "우리 모두 서로가 서로에게 푸른 하늘이 되는/그런 세상이고 싶다"(「하늘」)는 바람이나 "미싱을 타고 미싱을 타고/갈라진 세상 모으든 것들을/하나로 연결하고 싶은"(「시다의 꿈」) 소망은 왜 노동해방이 인간해방으로 이어지는지를 섬광처럼 보여준다. 참으로 『노동의 새벽』이 수많은 사람들을 변화시킨 공덕과 미덕이 무량하다. 그런데도 왜 노동자들이 나뭇잎처럼 추락하고 화로에 떨어진 눈송이처럼 사라지는 현실은 고쳐지지 않는 것일까.

韓非子

『한비자』

한비자

부정부패 끝내는 최종병기는 법

한때 모든 길은 로마로 통했다지만 지금은 법이다. 법원의 판결문 앞에서 어떤 논란도 일단은 마침표다. "국정농단"부터 "조국사태"까지 만인만색의 주장과 의견도 사법의 심판에 승복하는 것이 민주주의의 룰이다. 그래서 법치주의는 민주주의를 지탱하는 기둥이 된다. 누구도 법 이외의 것에 지배되지 않기에 권력의 횡포를 막는 방호벽이자 권리를 지키는 안전장치가 법치인 것이다. 그러나 중국 법가의 정전인 『한비자』가 바라보는 법은 통치의 수단이다. 천명을 받은 제왕은 예禮와 형刑으로 질서를 유지하는데 이른바 "아랫것"을 다스리는 규범이 형, 곧 "형법"이다. 민중을 위한 지팡이가 아니라 민중에 대한 몽둥이가 동양의 법인가. 그런 것만은 아니다. "경국대전"의 나라 조선에서 군주는 멋대로 권력을 휘두르지 못했다. "만천명월"의 주인이어도 국사를 자의적으로 판단하고 결정할 수는 없다. 물론 권력자의 부당한 결정에 이의를 제기할 수 있는 근대적 법 제도와 비교할 수 없지만 사익을 통제하고 징벌의 공정성과 공개성을 추구한 것은 기념할 만하다.

흔히 동양의 마키아벨리나 벤담으로 묘사되는 한비자는 전국시대 말기 약소국 한나라에서 태어났다. 망국의 처지를 타개하기 위해 국가개혁 방안을 제출했지만 정작 조국은 외면하고 적국은 환영하는 역설적 운명에 처한 지식인이었다. 현재까지 내려오는 『한비자』55편 가운데 두 편, 「오두」와 「고분」을 읽은 진시황이 그를 불렀지만 동문수학한 재상 이사의 모함으로 그는 죽었고 얼마 뒤 그의 나라도 멸했다. 『한비자』는 법의 중요성을 강조하는 서책으로 알려졌지만 모든 고전이 그렇듯이 제한된 규정을 거부한다. 그 자신이 유학자 순자의 제자이지만 인의에 바탕을 둔 덕치를 배격하고 오히려 노자의 "무위자연"을 노골적으로 애호한다. 소통의 어려움을 설명하는 커뮤니케이션 이론이 전개되는가 하면 관료의 부패를 억제하기 위한 제도적 장치가 제시된다. 관념과 원리에 대한 철학적 사색이 녹아 있는 동시에 현실에 대한 검증과 실천적 대안도 가득하다.

반짝이는 것은 내용만이 아니다. 형식 또한 혁신적이다. 고리타분하고 무미건조한 기존의 문체를 깨뜨리고 문답과 반박, 논설과 서신 등 다양한 문장 스타일을 선보인다. 거기에 각종 우언과 고사를 수록하여 가령 "모순", "역린", "수주대토", "구맹주산" 등등 지금도 회자되는 인용의 백과사전이다. 그럼에도 유가의 핵심 덕목인 인의와 정면충돌하기에 『한비자』는 오랫동안 저주받은 불온서적이었다. 마오쩌둥의 문화혁명 시절에는 지주의 이데올로그인 공자와 대립하는 농민의 대변자로서 부활하기도 했다. 법 적용의 공평성을 강조한 한비자가 평등의 사회주의적 기치와 맥락이 닿는다는 정치적 캠페인의 일환이었다. 지금도 『한비자』의 문제의식은 유효하다. 외세가 호시탐탐하는 와중에도 기득권층의 부정부패는 끝이 없는 현실에서 미래는 아득할 따름이다. 2200여 년 전, 연고와 정실로 부와 권세를 주고받는 탐욕과 폭력의 구조를 끝장내자고 제안한 한비자처럼 결국 최종병기는 법이다.

08

『백범일지』

김구

민족해방과 독립혁명의 일대기

100년 전의 역사적 불길이 다시 붙고 있다. 3.1운동과 임시정부 100년을 맞은 특별한 해에 일본은 반도체 부품의 수출 규제와 "화이트 국가" 명단 삭제 방침을 발표했다. 총칼이 아닌 경제로 공격해 온 것이다. "자유무역"과 "국제분업"을 내팽개치면서 약육강식을 숭배하는 제국주의의 유령에 빙의된 것일까. 과거를 돌아보자. 일본은 삼국시대부터 지금까지 한민족의 역사를 굴절시키고 한반도의 발목을 습관적으로 잡아왔다. 왜구는 오랫동안 신라와 고려를 괴롭혔으며 임진왜란과 경술국치로 조선은 끝내 무너졌다.

역설적으로 일본은 영웅의 산실이기도 하다. "계림의 개나 돼지가 되겠다"며 왜왕의 회유를 단칼에 거절한 박제상, 왜적을 토벌한 최영과 이성계, 그리고 임진왜란을 반전시킨 이순신이 있다. 5000년 민족사가 가장 바닥으로 가라앉은 일제강점기에도 무수한 의사와 열사가 등장한다. 수많은 애국지사 가운데 백범 김구는 우뚝하다. 임시정부의 문지기를 소원했던 그는 식민지의 어둡고 괴로운 밤에 가장 빛나는 별이다. 언제든지 목숨을 잃을 수 있는 절체절명의 위기 속에서 그가 어린 두 아들에게 유서 대신 남긴 것이『백범일지』다.

매일 쓰는 일지日誌가 아니라 알려지지 않은 에피소드를 기록한 일지逸誌이기에 사료적 가치가 높지만 다망한 시기에 쓰다 보니 세세한 숫자나 이름에 착오도 많다. 원본을 집중적으로 연구한 도진순 창원대 교수에 따르면『백범일지』는 1928년, 1942년, 해방 이후 등 세 번에 걸쳐 기록되면서 시간이나 사건을 착각하거나 중복된 내용이 상당하다. 여유롭게 과거를 되돌아보는 "회고록"이 아니라

총탄이 빗발치는 "참전기"의 성격이 여실히 드러나는 대목이다.

"범중비범凡中非凡"의 깨우침

무엇보다 시간적 경과로 구성된 백범의 일생은 19세기와 20세기에 걸친 격동과 시련의 근현대사를 축약한다. 그의 삶은 변화와 성장으로 요약된다. 그는 애국지사로서 정체성을 형성하는 과정 속에서 범중비범의 깨우침을 얻는다. 우선 투명성이다. 가문의 일원으로서 자신의 정체성을 규정하는 관습대로 왕족의 후손이었지만 영락하여 "상놈"이 된 집안 내력을 가감 없이 드러낸다. 온갖 미사여구로 "용비어천가"를 흉내 내는 여타 자서전과는 격이 다르다. 만취하면 양반을 폭행하던 아버지와 삼촌의 주사를 "상놈의 행위"로 단정하고 "아랫것"으로서 받은 천대와 가난을 진솔하게 토로한다. 개인이나 국가나 과거를 왜곡하고 미화하면 제대로 나아갈 수가 없다. 거울처럼 있는 그대로를 볼 때 미래를 만드는 에너지가 생겨나는 것이다.

　　수탈과 침략의 전쟁을 반성하기는커녕 정의로운 전쟁으로 둔갑시킨 일본의 역사 왜곡은 또다시 실패를 예고한다. 예전의 잘못을 정직하고 담백하게 되돌아보지 못하면 그것을 반복할 수밖에 없다는 것이 역사의 교훈이다. 그런 면에서 『백범일지』는 일본을 비판하는 날카로운 칼일 뿐만 아니라 김구 자신에 대한 객관적인 관찰기다. 타인과 사회, 그리고 외세에 대한 비판이 항상 자아비판과 병행하기에 성취와 성공의 기록이 아니더라도 어두운 그늘이 느껴지지 않는다. 특히 백범의 솔직한 "상놈 선언"은 커다란 신뢰감을 안겨준다. 더욱이 신분 사회의 하층에 가해지는 폭력적인 환경 속에서도 백범이 거둔 인격적 성취는 운명을 창조하는 인간의 전형이다. 18세 때 동학에 입도하면서 "아기 접주"로 불릴 만큼 장사였던 백범은 어머니의 사랑과 애국애족의 이상으로 자신을 통제하여 독립운동가의 삶과 역사를 써 내려갔다.

일신의 안위 대신 민족의 설욕

공공성도 책의 단락마다 흥건하다. 갓도 못 쓰는 상놈 신세에서 벗어나기 위해 과거를 준비하지만 조선판 입시비리의 온상인 과거장에서 각성하여 평등한 새 나라를 건설한다는 동학에 찬동하면서 공적 생애를 시작한다. 동학혁명의 실패와 명성왕후 시해로 어둠만 짙어지던 시기에 그는 대동강 하류 치하포에서 일본 밀정으로 인식한 왜인을 때려죽였다. 일신의 안위 대신 민족의 설욕을 택한 것이다. 사건 현장에 자신의 성명과 주소까지 밝힌 포고문을 부착한 김구에게 아버지 또한 "집안의 흥망은 네가 알아서 하라"고 피신을 강권하지 않았다. 광복군 부친을 둔 어느 작가의 말처럼 광야를 달리는 명마는 마구간을 돌볼 수 없다. 이후 백범의 세월은 "바람으로 빗질하고 빗물로 목욕"하는 반세기였다. "귀하면 궁함이 없다는데 직위가 올라도 궁한 일생의 연속이었다"는 술회처럼 그는 죽는 날까지 한 치의 땅, 반 칸의 집도 갖지 못했다.

오로지 투명성과 공공성으로 일관한 백범의 역정은 스토리텔링의 고갱이다. 흥미로운 일화와 진귀한 비화가 많아서가 아니다. 남들은 평생에 한두 번 겪기도 힘든 사건과 사고 속에서도 평정심을 추구하는 그의 모습이 일상에서 비범한 의미를 찾으려는 범인들의 심장을 두드리기 때문이다. 왜 백범은 책을 냈는가. 자신과 같은 못난(!) 사람도 민족의 한 분자로서 할 일을 해왔으며, 대한사람이면 누구나 할 수 있다는 것을 보여주기 위함이다. 『아리랑』의 독립운동가 김산 또한 흡사하다. 자신의 생애와 조국의 역사를 실패의 연속이라고 규정한 그는 단 한 번도 행복한 기억이 없었다고 고백한다. 그럼에도 계속 길을 걸어갈 수 있었던 자신감은 자신을 이겨낸 작은 승리로 충분했단다. 참으로 의연하다. 이들이야말로 일제강점기의 불행을 대일 항쟁기의 자랑으로 바꾸면서 민족의 트라우마를 치유한 영혼의 시인들이 아니고 무엇이겠는가.

09

熱河日記

『열하일기』

박지원

한민족 최고의 기행문

여름은 여행의 계절이다. 무더위를 핑계 삼아 일상에서 이탈한 여행자는 낯선 세상에서 호기심도 충족하고 자신을 새롭게 들여다볼 수 있다. 게다가 유람의 체험을 복귀한 삶에서 되살릴 수 있다면 금상첨화다. 연암 박지원과 『열하일기』는 그런 점에서 최상의 여행자이자 최고의 기행문이다. 연암은 청나라 황제의 생일 축하 사절단에 끼어 왕복 6000리 여정을 겪으며 그 과정에서 만난 사람과 접한 문물을 남김없이 기술한다. 즐겁고 유익했던 이국의 견문을 "한때"로 흘려보내지 않고 지금 이곳에서 우리 실정에 맞게 재현하려고 노력한 것이다. 특히 사회 비판에만 그치지 않고 자신의 내면을 관찰하면서 심경을 토로한 기록은 지식인의 자기성찰이라는 측면에서도 귀중하다.

갓 쓴 여행객의 관심은 전방위다. 교과서에 수록되기도 했던 「일야구도하기」나 요술쟁이의 술법을 구경한 「환희기」는 인식론을 방불케 한다. 소리와 빛깔에 현혹되면 똑바로 보고 듣는 힘을 잃어버려서 결국 자기가 자기에게 속게 된다는 것이다. 오랑캐 청淸을 멸시하고 징치하자는 북벌론을 은근히 야유하는 시사평론이 나오는가 하면 지구자전설을 풀이하는 과학 이론도 소개된다. 연암의 백과사전적 지식이 26권 10책의 방대한 내용으로 전개되지만 유려한 문체와 독특한 착상 덕분에 한번 손에 잡으면 도중에 놓을 수 없을 정도다.

북경이 아니라 열하로 간 까닭

아이로니컬하게도 『열하일기』는 실용서다. 여행기의 형식을 취하지만 수개월의 현지 관찰을 통해 조선의 대청對淸 전략과 이용후생의 혁신정책을 담고 있다. 먼저 제목에 "열하"가 들어간 것이 의미심장하다. 황제를 만나러 북경에 갔지만 그는 피서지인 열하로 떠났다. 한데 북경보다 기온이 고작 1~2도 낮은 열하가 왜 황실의 바캉스지일까. 박지원은 휴가도 전략이라고 파악한다. 전략적 요충지인 열하에서 황제가 몇 달을 보내는 것은 위협 세력인 몽골족에 대한 군사적 시위이자 훈련이라는 것이다.

또한 열하 행궁 부근에 몽골족이 신봉하는 라마불교의 사원들을 지어주는 것은 유화적 제스처다. 연암은 "채찍과 당근"을 병행하는 청의 스마트 파워를 주목하면서 당시 국제 정세를 객관적으로 상세히 분석하고 있다. 가뜩이나 중국과 미국의 패권 경쟁이 격화되면서 국가적 생존과 번영을 위한 지혜가 필요한 이 시점에 200여 년 전의 『열하일기』가 여전히 유효한 대목이다. 특히 책에 수록된 「허생전」은 소설 형식으로 포장한 대외전략론이라고 해도 지나침이 없다. 남산골에 사는 은둔거사 허생은 임금의 총신인 이완에게 조선의 대외정책을 조언한다. 왕실이나 명문가의 여성들을 명나라의 유민과 혼인시켜서 인적 네트워크를 구축하고 사대부의 자제들을 청으로 유학 보내 교류를 장려하라는 제안이다. 존화양이尊華攘夷의 조선 위정자들에게는 백일몽이었을 것이다. 국제정치학자 하영선은 허생의 아이디어를 청과의 관계 설정을 위한 소프트 파위와 네트워크 외교의 일환으로 높게 평가한다. 당시 국제적 역학 관계로 공상소설에 가깝게 된 북벌론 대신에 강대국 청과 인적·물적 교류를 통해 국익을 증진하자는 데 초점이 맞춰졌기 때문이다.

연암은 "청나라＝오랑캐"로 가득한 권력자들의 탁상공론 또한 여지없이 박살 낸다. 삼류 선비를 자처하는 그는 중국 여행의 제일 장관으로 "깨진 기와"와 "똥거름"을 꼽았다. 깨진 기왓장을 내버리지 않고 담장을 장식하니 마을마다 아름다운 경관이 연출되고 거름으로 쓰려고 쌓아 올린 분변의 맵시에서는 문물의 진보를 볼 수 있기 때문이다. 개돼지나 다를 바 없는 "되놈"들에게 볼만한 것은 하나도 없다는 "일류 선비"와는 사뭇 다르다. 연암은 "법이 좋고 제도가 아름다우면 오랑캐라 할지라도 배워야 한다"는 입장이다. 이적夷狄의 왕조조차 나라에 유용하다면 무엇이든 제 것으로 삼는데 백성에 이롭고 국가에 쓸모 있는 법제와 습속을 본받지 않을 이유가 없지 않는가.

어느 곳이나 세상의 중심

그의 혁신적 인식은 수레로 이어진다. 제자인 박제가와 마찬가지로 연암 또한 수레를 쓰지 않는 현실을 개탄하면서 부국부민의 핵심 도구를 수레로 본다. 크지 않다고 해도 3000리는 되는 조선 땅의 삶이 빈한한 이유는 각 고장의 많은 물산들을 유통할 수 있는 수레를 사용하지 않기 때문이다. 집권세력이자 지식인인 양반과 선비가 공허한 관념론에만 빠져 실질적인 방책을 강구하지 않아서 수레가 다니지 못하고 그 결과 가난해지는, 즉 이용利用이 되지 않아 후생厚生할 수 없는 사정을 설득력 있게 풀이한다.

　그러나 국망의 기로에 서 있던 당대에 연암의 혁신적 구상은 불온시 됐다. 소중화小中華의 망집에 빠져 있던 권력자들은『열하일기』의 파괴력을 우려해서 문체로 꼬투리를 잡았다. 조선왕조가 끝날 때까지 책이 정식으로 출간되지 못하고 필사본으로 돌려 읽혔던 까닭이다. 그래도 그의 사상은 제자와 후손에게서 되살아났다. 손자 박규수는 19세기 개화파의 사상적 대부가 되어 김옥균, 박영효, 서광범 등을 길러냈다. "젊은 그들"은 박지원이 직접 연경에서 구해 온 둥근 지구본을 돌리면서 "어느 나라든지 가운데로 오게 돌리면 그것이 바로 세상의 중심"이라는 사실에 경천동지의 감격을 느꼈다.

　물론 연암의 이용후생은 좌절되고 개화파의 시도도 무위로 끝났다. 그러나 말세의 폐단을 시정하려고 첫 삽을 뜬 연암이 있었기에 개화와 개혁의 초석이 마련됐다. 바퀴 달린 수레로 한양에서 연경(베이징)까지 다니자던 박지원의 꿈은 오늘날 부산에서 파리까지 대륙을 관통하자는 유라시아 횡단 열차의 현실로 바뀌고 있다.

10

오노 히로유키

『채플린과 히틀러의 세계대전』

チャップリンとヒトラ-: メディアとイメ-ジの世界大戰

유머에 무너진 독재자

우리 시대의 가장 끈질긴 음모론 가운데 하나가 "히틀러 생존설"이다. 남극기지로 탈출했다거나 아르헨티나에서 목격했다는 가설항담이 지금도 회자되고 있다. 최근 프랑스 연구팀이 러시아에 보관된 히틀러의 유골을 조사해 사망선고를 내렸지만, 그의 망령은 인류 역사에 끊임없이 출몰할 것이다. 생각과 달리 "총통"을 무너뜨린 것은 노르망디 상륙작전이 아니라 한 편의 영화였다.《위대한 독재자》에서 찰리 채플린은 근엄한 히틀러를 유머로 제압하면서 세계사의 물줄기를 바꿨다.

『채플린과 히틀러의 세계대전』은 제2차 세계대전만큼이나 치열했던 두 인물의 이미지 전쟁을 다룬 책이다. 남극과 북극만큼 상반됐던 채플린과 히틀러는 1889년 동갑내기다. 콧수염도 기르고 예술가를 꿈꾸고 철학자 쇼펜하우어를 좋아한 점도 같다. 같은 물을 마셔도 소는 우유를 만들고 뱀은 독을 만든다고 했던가. 채플린은 인류를 웃겼지만 히틀러는 죽음을 선사했다.

아이러니하지만 익살꾼 채플린의 어린 시절은 불행 그 자체였다. 두 살 때부터 별거한 아버지는 알코올중독으로 세상을 뜨고 어머니는 정신질환으로 격리당했다. 반면 자서전에서 "가난 코스프레"를 한 히틀러는 실제로 중류층 가정에서 무난하게 자랐다. 제1차 세계대전이 일어난 1914년, 둘은 운명의 여신과 조우한다. 채플린은 할리우드에 입성하면서 은막의 스타로 떠오른다. 히틀러는 자원입대해서 참전하지만 독가스만 들이마시고 병원에서 패전의 절망만 맛본다. 그러나 애초 극좌파로 정계 입문한 히틀러는 발군의 선전선동술로 31세에 나치당을 장악한다.

물과 불로 대별되는 두 인물은 대공황 이후 1930년대에 대결투를 벌인다. 채플린은 나치스의 애국주의가 전쟁만 낳는다고 비판하면서 히틀러의 신념과 정면충돌했다. 독일에서 채플린의 영화는 흔적 없이 사라졌다. 사진, 서적, 심지어 신문에서도 채플린이라는 이름은 금기어가 됐다. 그 와중에 채플린은 독재자 히틀러를 조롱하는 영화《위대한 독재자》의 제작에 착수한다.

　　유럽에 전운이 짙어가던 1937년 10월에 막을 올린 프로젝트는 간난신고를 겪었다. 애초 영화에 시큰둥했던 미국과 영국은 히틀러의 파죽지세로 유럽이 유린당하자 빨리 신작을 완성하라고 성화를 부렸다. 1940년 10월 역사적 개봉 당일의 사진을 보면 채플린은 사람의 바다에서 둥둥 떠다니고 있다.

　　《위대한 독재자》는 당시 독일에 떨어진 "블록버스터" 폭탄처럼 히틀러의 이미지를 깊숙이 타격했다. 나치스는 방해공작에 나섰지만, 전 세계에서 단 넉 달 만에 3000만 명이 관람했다. 하지만 압승한 채플린은 전후 히틀러의 유산에 시달린다. 숙적 히틀러는 사라졌지만 그 유령과 계속 싸워야 하는 것이 채플린의 운명이었을까.

　　강산이 두 번 바뀌면서 세계는 다시 채플린의 공적을 떠올렸다. 칸영화제는 채플린의 모든 작품에 특별상을 수여했고, 영국에서는 기사 작위를, 할리우드는 아카데미 특별상을 줬다. 지금도《위대한 독재자》의 연설 장면은 유튜브에서 조회수를 경신하면서 자유와 평화에 대한 인류의 염원을 웅변하고 있다.

7장

정치

냉정과
열정 사이

『군주론』

Il Principe

니콜로 마키아벨리

근대 정치학의 출발점

거짓말을 옹호하는 책이 있다. 필요하면 약속은 어겨도 된다고 권한다. 그래서 교회는 금서로 지정했다. 니콜로 마키아벨리의『군주론』이다. 수단과 방법을 가리지 않는 권모술수의 세계가 펼쳐져 있기에 "악의 꽃"으로 불리기도 했다. 저자의 이름을 딴 "마키아벨리즘"은 사람의 도덕적 본성을 찬양하는 휴머니즘과 극과 극이다. "마키아벨리스트" 하면 냉혹하고 무자비한 정치인으로 낙인찍히는, 불명예의 대명사다.

하지만 현실은『군주론』을 필요로 한다. 흙탕물 같은 정치판에서는 "금서" 대신 "성서"로 대접받는다. 핵심적인 메시지를 살펴봐도 그 이유를 짐작할 만하다. 착한 사람이 아니라 착한 척을 잘해야 권력이라는 목적을 이룰 수 있다. 배은망덕하고 제멋대로 행동하려는 인간을 다루려면 여우처럼 간교하고 사자처럼 강압하는 지도자가 되어야 한다. 목적은 어떤 악도 정당화한다는 승리 지상주의가 행간에 넘쳐난다. 이런 책을 쓴 마키아벨리는 피도 눈물도 없는 악당과도 같아 보인다. 흥미롭게도 그는 인격자였다. 가톨릭을 신봉했던 그는 다섯 명의 자녀를 둔 자상한 아버지이자 자신의 영혼보다 조국 피렌체를 더 사랑하는 훌륭한 시민이었다.

도덕과 분리된 정치의 발견

『군주론』이 불편하게 다가온다면 그것은 인간이 행동하는 현실과 당위 사이의 괴리 때문일 것이다. 사람은 이웃을 도우려는 선함과 더불어 타인을 지배하려는 이중성을 지닌다. 종교와 도덕은 인간의 욕망을 금지하고 억누르면서 아예 없었던 것으로 치부하려고 한다. 그러나 억압된 것은 반드시 돌아온다는 말처럼 15, 16세기 전후로 권력투쟁의 온상이었던 교회는 오히려 마키아벨리의 가르침이 필요했다. 해부학적 시선으로 인성의 민낯을 폭로하고 분석한 『군주론』은 독서를 금지한 성직자들조차 그 내용을 추종했다. 이후 종교전쟁에서 반대파의 학살을 정당화하는 모든 궤변은 이 책에서 배운 것이라고 해도 지나침이 없을 정도다.

무엇보다 이 책은 근대 정치학으로 들어가는 출입구를 열어줬다. 마키아벨리는 당위와 이상의 관점에서 인간 사회를 파악하는 기존 경로를 이탈해 사람이 가진 원초적 야수성에 주목했다. 욕망에 따라 기회주의적으로 행동하는 현실적 인간을 관찰하고 분석하면서 도덕과 분리된 정치의 자율적 영역을 발견했다. 행위의 정당성을 믿음이 아니라 결과로 입증해보자는 "발상의 전환"인 것이다. 20세기 독일 학자 막스 베버가 『직업으로서의 정치』에서 결과에 대한 책임 윤리를 강조하면서 악마와도 손을 잡는 일이 정치라고 말한 것도 『군주론』의 계보를 잇는 셈이다.

보통 새 길을 개척한 지식인의 운명은 순탄하지 않다. 마키아벨리는 전형적이다. 1469년에 피렌체에서 태어난 그는 1527년에 숨을 거두기까지 수많은 삶의 곡절을 겪었다. 메디치 가문의 지배를 받던 피렌체가 공화국으로 바뀌면서 그는 29세에 공직자로 현실에 참여한다. 당시 이탈리아반도는 수많은 도시가 군웅할거 하는 난세였다. 기독교와 봉건제가 깨지고 상인 계급의 영향력이 커지며 강한 군주에 대한 열망이 커져가는 시기였다. 장사치의 수익이 극대화되는 넓은 시장을 만들려면 통일된 나라가 필요하다. 마키아벨리는 외교관으로 유럽을 종횡무진으로 움직이면서 강력한 군주를 관찰할 수 있었다. 이를 통해 반도의 분열과 부패를 극복할 수 있다는 구상을 품게 된 것이다.

르네상스적 역량 끝내 못 펼쳐

공화국 체제는 18년 만에 무너지고 메디치 가문이 복귀했다. 어떤 때는 교황의 군대가 점령하기도 했다. 피렌체의 운명은 바람 앞의 촛불처럼 늘 위태로웠다. 조국의 풍파와 운명을 같이한 마키아벨리는 고문과 투옥의 고초를 겪으면서 빈한한 삶을 이어갔다. 권력자 로렌초 데 메디치에게 『군주론』을 헌정했지만, 경세제민經世濟民의 기회를 얻지 못했다. 정치사상가에다 외교관이며 용병 대신 민병대를 상설하자는 혁신적 전략가이기도 한 그는 에로스를 노래하는 르네상스적 천재였다. 「만드라골라」나 「벨파고르 이야기」 등의 문학작품에서는 사랑에 대한 낭만과 블랙유머가 넘쳐난다.

　　『군주론』에 대한 역사의 평가는 후하다. 역사철학의 거장 헤겔은 시대적 맥락을 따라 읽어야 이 책의 진가를 알 수 있다고 말한다. 이탈리아가 수백 년간 경험한 "전란과 황폐의 시대"에서 길어 올린 저자의 지혜를 악마의 책이라고 비난하는 것은 어리석음 그 자체라고 지적하면서, 『군주론』은 통일을 가져오기 위한 궁극의 권모술수라고 주장한다. 폭력을 끝장내고 질서를 수립하기 위한 정초적定礎的 폭력이라는 것이다. 호불호를 떠나서 아수라장을 헤쳐 나온 위대한 지성을 치세治世를 누리는 후손들이 일방적으로 재단하는 것은 인간에 대한 예의가 아닌 듯하다. 위선과 거짓을 조장한다는 비난도 피상적인 관찰이다.『군주론』은 조국의 안정과 평화를 위해서 음모와 책략도 감수해야 한다는 불편한 진실을 담고 있다. 있는 그대로의 인간을 바라보면서 권력자가 아니라 공동체를 위해 어떻게 행동해야 하는지에 대한 원칙이 전편에 관철된다. 따라서 국리가 아닌 당리, 정치보다는 통치, 이상 대신 이익만 집착하는 일체의 정치공학은 마키아벨리와 아무런 관계가 없다.『군주론』은 국가를 수호하기 위한 전략 교과서이지, 권력을 획득하기 위해 소수만 돌려 읽는 "무공비급"이 아닌 것이다.

All the President's Men

『워터게이트: 모두가 대통령의 사람들』

밥 우드워드,
칼 번스타인

국가권력에 맞선 저널리즘 분투기

언론에 대한 불신과 불만이 하늘을 찌르는 요즘이다. "기레기"라는 낙인에는 조롱을 넘어 증오까지 엿보인다. "가짜뉴스"가 범람하면서 언론의 존재 이유마저 위협받는 지경이다. 그러나 민주주의의 생필품은 언론이다. 미국 독립선언문을 기초한 토머스 제퍼슨은 신문 없는 정부보다는 정부 없는 신문을 선택하겠다고 단언했다. 신문과 방송이 권력을 감시하지 않으면 아무리 좋은 정부라도 일탈하기 마련이다. 무엇보다 언론이 없으면 정책과 예산에 대한 평가와 통제가 불가능해진다. 비판이 사라지면 부정부패가 창궐하고 여론 조작은 여반장如反掌이다. 더구나 중요한 사안일수록 다양한 여론의 수렴이 필수적이다. 국민의 동의와 검증에 노출된 정책은 부작용이 생기더라도 즉각 개선이 가능하다. 반면에 일방적으로 "내려 먹이는" 정책은 엉터리로 판명 나도 해결이 요원하다. 잘못을 인정하는 순간 정치적 안정성이 흔들리기에 계속 추진하면서 피해만 키운다. 언론에 삼권을 경계하는 "제4부"의 역할을 부여한 것은 이런 사태를 방지하기 위해서다.

단순 침입에서 권력형 비리로

국가권력의 감시견watch dog으로 불리는 언론 본연의 사명에 가장 충실한 사례가 "워터게이트"다. 미국 신문《워싱턴포스트》의 두 기자가 끈질긴 추적 끝에 현직 대통령의 국정농단을 규명하여 하야시킨 사건으로 이후 권력형 비리에는 "게이트"가 붙게 됐다. 백악관의 겁박에 맞선 밥 우드워드와 칼 번스타인은 공저 『워터게이트: 모두가 대통령의 사람들』에서 추악한 권력의 실상을 남김없이 폭로한다. 1972년 6월의 어느 깊은 밤, 워터게이트 빌딩의 경비원은 출입문의 이상을 발견하고 경찰에 신고했다. 수색 과정에서 외부 침입자들이 체포됐는데 문제는 일당의 소지품에서 도청기와 백악관 관계자의 연락처가 나온 것이다. 빌딩에 입주한 민주당 전국위원회 본부를 타깃으로 한 이들의 정체는 닉슨 대통령이 운영했던 비밀 공작반이었다. 단순한 주거침입 사건에서 권력의 체취를 맡은 우드워드 기자는 맹렬한 취재를 벌이면서 연일 특종을 "물고 온다".

하지만 "모국어가 영어가 아니라는" 우스개가 돌 만큼 문장력이 취재력을 따라가지 못했던 그에게 고참 기자 번스타인이 가세하면서 피치를 올렸다. "대통령의 사람들"을 파헤치는 두 기자의 분투는 기사는 발로 뛰어서 작성하는 것임을 보여준다. 밤낮을 가리지 않고 취재선상에 오른 모든 대상자들의 현관문을 두드리고 수백 통의 전화를 돌렸다. "팩트"를 얻기 위해 취재원을 감언이설로 회유하고 동료 기자에게 무례한 요구도 서슴지 않았다. 진실 보도로 치장한 저널리즘의 세계 역시 정치판의 음모나 알력 못지않게 지저분하다고 할 수 있다. 그럼에도 정보를 얻고 사실을 모아서 진상을 드러낸다는 직업윤리의 철저함은 도처에서 드러난다. 얼핏 스타 기자의 성공 취재기 같지만 "별은 홀로 빛날 수 없다"는 명제를 입증하는 것이 『워터게이트』의 매력이다. 기자뿐만 아니라 외압을 막아낸 사주와 간부들의 역할이 그것이다. 투자 계획 철회부터 인신모독 협박까지 온갖 압력에도 눈 하나 깜짝하지 않은 경영진의 일화에서 신문이 사적 소유물이 아니라 사회적 공기公器라는 사실을 재확인할 수 있다.

미국과 민주주의를 구원한 미담

그러나 끈질긴 보도와 무관하게 닉슨은 그해 대통령에 재선됐다. 이쯤 되면 포기할 만하지만 두 기자의 타이프라이터는 멈추지 않았다. 와중에 대통령의 사건 개입을 입증할 녹음테이프의 존재가 드러나고 측근들의 증언이 잇달았다. 대통령직에 대한 닉슨의 집착은 병적이었다. 상원에서 탄핵안 통과가 확실시되자 그제야 물러날 만큼 사건 이후 2년 2개월간 그가 보여준 권력욕은 일반의 상상을 절한다.

가장 냉철한 머리를 가졌다던 닉슨은 권력에 도취되면서 "나 아니면 안 된다"는 과대망상과 "음모로 나를 죽이려고 한다"는 피해의식으로 자멸했다. 워터게이트 사건이 시사하듯, 선거의 승리를 위해 적의敵意가 만연하고 권력의 유지를 위해 책략이 난무하는 것은 불가피한 측면이 있다. 정치학자 한스 모겐소의 말처럼 "정치는 죽음을 건 투쟁"이기 때문이다. 이 지점에서 언론은 전쟁적 상황으로 전락할 위험에 처한 민주주의의 이상과 가치를 옹위해야 한다. 결과적으로 『워터게이트』는 언론이 나라를 구한 미담이다. 당시 백악관 브리핑룸은 대변인과 기자가 육박전 일보 직전까지 가는 "야수들의 싸움터"였다. "인격을 암살하는 언론" 대 "광적인 친

위대원들"로 서로를 물고 뜯었다. "당신이 말할 수 없다면 거기에 서 있을 권리도 없어요."라는 말은 정부에 우선하는 국민의 알 권리를 웅변한다. 물론 특정 세력의 나팔수로 활약하는 매체들에 시달려서 나오는 "언론망국론"도 설득력이 있다. 언론이 민주주의의 보루이기는커녕 "흉기"가 되어간다는 지적에도 기꺼이 동의한다. 단, 역사상 출현한 다른 모든 감시 제도보다는 그래도 언론이 낫다.

우치다 타츠루,
이시카와 야스히로

『청년이여, 마르크스를 읽자』

若者よ、マルクスを読もう

머리가 좋아지려면 마르크스를 읽으라고?

2018년은 마르크스 탄생 200주년이었다. 카를 마르크스는 최근 1000년간 인류에게 가장 큰 영향을 끼친 사상가로 꼽힌다. 하지만 해방 이후 한국 사회에서 마르크스는 아이뿐만 아니라 어른들에게도 "에비"였다. 묻지도 따지지도 않고 무조건 금기어였다. 그러다 보니 "빨갱이"를 때려잡는 공안검사가 정작 공산주의의 원조인 마르크스도 모르는 블랙코미디가 연출되기도 했다고 작고한 리영희 교수는 증언했다. 노동계급의 바이블로 비유되는 마르크스의 대표작 『자본』은 1947년 첫 한글판 출간 이후 무려 40년의 고독 끝에 1987년 6월항쟁의 성과로 다시 세상에 왔다.

그러나 길이 시작되자마자 여행이 끝난다고 1991년 소련의 해체 이후 마르크스는 "죽은 개" 취급을 받았다. 1980년대 대학가와 노동현장을 휩쓸었던 마르크스 열풍은 순식간에 식어버렸다. 지금 청년들은 사회과학 세미나 대신 취업 특강에 목을 매고 사회정의보다는 개인의 생존에 골몰한다. 한국이나 일본이나 사정은 매한가지다. 그런데도 일본의 철학자와 경제학자는 청년에게 마르크스를 읽자고 권유한다. 유혹하는 방식도 노골적이다. 마르크스를 공부하면 머리가 좋아지는 것 같은 기분이 든다고 젊은이를 꾀어낸다. 실제로 인류학의 대가 레비스트로스는 마르크스의 저작을 몇 페이지 읽고 지적 위밍업을 한 다음에야 논문을 썼다고 한다. 마르크스 책을 펼쳐놓으면 머릿속 미세먼지가 말끔히 사라지면서 사고의 시정거리가 명료하게 펼쳐지기 때문이다.

마르크스는 사고의 감옥에 갇힌 사람에게 당신이 철창에 갇혀 있다는 것을 일깨워준다. 탈옥을 시켜주지는 않지만 감금된 생각에서 빠져나올 필요성을 환기시킨다. 불교로 비유하자면 언어에 집착하는 수도자에게 벼락같이 내리치는 화두공안과 같다. 게다가 이 책은 자기계발서처럼 청년에게 야망을 가지라고 권한다. 세계 역사의 분기점을 만들었던 『공산당선언』을 쓸 당시 마르크스와 엥겔스는 불과 20대였다. 약관의 젊은이들이 세계사와 혁명과 미래 사회의 전망을 분석하고 진단하고 처방전까지 내놓은 패기와 이상에 전율과 감동마저 느꼈다는 것이 저자들의 고백이다. 너도 해봐 You can do it !!

누구는 매일 현실과 사투하는 청년들에게 마르크스는 유효기간이 지났다고 한다. 그러나 마르크스야말로 19세기의 가장 열악하고 힘든 시절을 견뎌내면서 개인이 좋아하는 일을 마음껏 할 수 있는 세상을 어떻게 실현할 수 있는지 "만년 청춘"으로 실천한 인물이다. 대학교수인 저자들이 마르크스 독서를 권장하는 것은 결국 공동체를 지키기 위해서다. "이 추운 겨울에 걸인 한 명이 얼어 죽어도 그것은 우리 모두의 책임이어야 한다"는 공동체의 원칙을 따르는 성숙한 인간을 만들려는 것이 이 책의 목표다. 금수저와 흙수저의 대립이 갈수록 첨예해지는 지금 우리 사회는 과연 공동체인가. 평등한 기회와 정의로운 결과가 흘러넘치는 사회를 꿈꾸는 한국의 청년들은 일단 마르크스로부터 실마리를 찾아야 할 것 같다.

『장성택의 길』

라종일

만남은 모든 평화의 시작

꼭 30년 만에 다시 열린 올림픽을 성황리에 마쳤다. 예전 서울 올림픽이 민주화를 가져왔다면 평창은 평화를 여는 창구가 되었다. 얼마 전까지 평양과 워싱턴 사이에 주고받은 살벌한 말들로 언제든지 한반도가 전쟁터로 바뀔 수 있는 벼랑 끝이 아니었던가. 반드시 오는 봄이지만 제비 한 마리라도 먼저 날아와야 희망을 품게 되는 법이다.

그런데 과연 북한은 무슨 생각을 하고 있을까. 강성대국을 슬로건으로 내세운 북한 1호 김정은 위원장의 종잡을 수 없는 시나리오는 무엇일까. 폐쇄 체제의 특성상 김정은에 대한 자료와 정보가 절대적으로 부족하다. 이럴 때는 우회로가 필요하다. 김정일 시대의 2인자이자 김정은의 후견인이었던 장성택이 적격이다. 국가정보원 차장을 지낸 라종일 교수는 『장성택의 길』에서 김정은 정권의 성격과 진로를 시사하는 수많은 비화와 증언을 제시한다. 정보원 보호차 출처를 제시할 수 없는 대목들이 아쉽기는 하지만.

이 책에서 장성택은 북한 정치의 특성을 상징하는 키워드다. 1대 김일성의 사위, 2대 김정일의 매제, 3대 김정은의 고모부라는 세습 정권의 핵심 일꾼이었다. 그러나 왕정을 넘어 신정의 단계까지 돌입한 북한에서 장성택은 언제든 공장 노동자로 쫓겨날 수 있는 불안한 경계인에 불과했다. 그럼에도 "백두산 혈통"은 리더십과 인품이 수발했던 그의 능력을 필요로 했다. 처남에게 절대 충성을 바치면서 승승장구한 장성택은 김정일 체제 출범 이듬해에 1980년대부터 굶어온 인민들의 현실을 개선하는 등 정책 노선의 대전환을 제시한다. 중국과 한국의 경제 발전에 자극받은 정책 담당자의 반성과 숙고가 닿은 귀결점이었다.

하지만 이것이 장성택의 한계이자 북한 정권의 딜레마라고 책은 지적한다. 김 씨 체제의 장점은 연속성이다. 한국과 달리 북한은 정치적 혼란이 거의 없다. 그런데 개혁개방이 실시되면 인민의 삶은 나아지지만 정권의 불안과 동요는 필연적이다. 더욱이 "남조선"에 대한 열등감을 자인하는 꼴이 된다. 확대해석하자면 개혁개방을 거론한 장성택은 정권에 지분이 없는 외부 경영자임을 입증하는 동시에 김 씨 체제에 대한 역심을 품은 "반동분자"의 운명까지 잉태한다.

수령의 반대를 무릅쓰고 사랑을 쟁취했던 김경희와 장성택 커플은 끝까지 부부로 남았지만 금은 커져갔다. 유일한 딸은 프랑스 유학 중 자살했다. "공화국의 공주" 김경희가 더는 그의 보호막이 되어줄 수는 없었다. 북한 최고의 "행운아" 장성택은 당 회의 도중 체포되어 불과 닷새 뒤 무자비한 방식으로 처형됐다. "꽃도 십자가도 없는 무덤"이 아니라 아예 한 점의 유골도 지상에 없다. 그의 죽음으로 북한은 국제 사회에 정상적으로 데뷔할 절호의 기회를 잃었다고 전문가들은 평가한다.

이런 북한을 우리는 상대해야 한다. 도저히 받아들일 수 없는 적을 왜 이해하고 대화해야 하냐고? 미국의 맥나마라 국방장관은 수백만 명이 희생된 베트남전쟁을 막지 못한 이유로 최고지도자 쌍방의 대화 부족을 꼽는다. 불구대천의 "원쑤"라도 서로가 계속 만나면 반드시 전쟁을 피할 해결책을 찾아낼 수 있었다는 것이 회한에 찬 맥나마라의 탄식이다.

『푸틴: 권력의 논리』

Putin: Innenansichten der Macht

후베르트 자이펠

밖에선 폭군, 안에선 성군?

"우리 푸틴 하고 싶은 대로 해."

러시아 국민 열 명 중 여덟 명은 푸틴을 대통령으로 선택했다. 푸틴의 통치는 사반세기를 넘어 아예 종신집권으로 치닫고 있다. 21세기 "차르"에 대해 서방은 저주를 퍼붓는다. 우크라이나 분쟁과 미국 대선 개입 의혹에다 최근 영국의 이중 스파이 암살까지 "푸틴 =악마"라는 보도가 사태를 이룬다.

극과 극의 이미지 전쟁을 치르는 푸틴은 독일 언론인 후베르트 자이펠에게 자신의 세상을 보이기로 한다. 국제정치적 역학 관계와 이해타산으로 굴절된 언론매체에 지쳐 직접 메시지를 전달하기로 마음먹은 것이다.

1952년 고도古都 상트페테르부르크에서 태어난 푸틴의 인생사 는 러시아 현대사와 궤적을 같이한다. 유도와 학업에 골몰한 청년 은 사법시험에 합격하고 KGB의 해외 요원으로 동독에 간다. 스파 이 생활 5년 만에 동독이 순식간에 몰락하는 것을 목도한 푸틴은 고향의 부시장으로 돌아간다. 이후 소련의 붕괴와 국정 혼란을 일 선 공무원으로 체험한 그는 옐친 대통령 시절 탁월한 학습능력으 로 수직상승을 거듭한다. 이때부터 푸틴의 진가가 발휘된다.

구소련 해체 이후 서구와 야합하여 국부를 약탈한 올리가르히 (신흥재벌)를 치기 위해 새 조세제도를 마련하고 탈세추적 조직을 개편한다. 푸틴은 러시아를 부패와 범죄의 온상으로 만든 올리가 르히 시대의 종언을 선포하면서 강력한 통치 기반을 닦았다. 옐친 이후를 모색한 올리가르히는 "만만한" 푸틴을 낙점해서 부려먹으 려다 강펀치를 맞고 그로기 상태에 빠졌다. 대신 러시아의 군인과

의사, 교사는 밀린 월급을 받기 시작했다.

푸틴 취임을 전후로 러시아는 야누스의 얼굴이다. 1999년 집권 당시 러시아 국민의 30퍼센트가량이 극빈층이었고 어린이의 절반은 빈곤 가정에서 자랐으며 가축 수는 1980년대의 반절이었다. 지금 러시아에서 가난에 시달리는 국민은 11퍼센트, 강도와 살인 사건은 격감했고 기대수명은 65세에서 70세로 늘어났다. 종이호랑이로 전락한 러시아를 재건한 지도자가 푸틴이라는 평가는 러시아에서 지배적이다. 국민들이 압도적 지지를 보내는 까닭이다.

하지만 푸틴의 러시아가 세계 평화를 위협한다는 미국과 유럽의 시각은 완강하다. "신냉전"이 펼쳐지면서 전쟁이 다시 발발하리라는 불안도 점점 커지고 있다. 아랑곳하지 않는 푸틴은 미국과 유럽이야말로 러시아를 매번 기만했다고 성토하며 "눈에는 눈, 이에는 이" 식의 행동 방식을 고수한다.

문제는 아무리 푸틴의 항변이 설득력 있다 하더라도 우크라이나 사태가 모든 당사국들을 우울하게 만들고 있다는 점이다. 러시아의 최신 핵무기 개발도 핵감축의 역사적 정당성을 훼손하고 있다. 그럼에도 푸틴은 EU와 우크라이나에 대한 공동협정을 추구하면서 러시아 패권주의를 부인한다. 어쨌든 모든 책임을 푸틴에게 전가하는 서방 언론의 마녀사냥을 폭로한 저자는 유럽이 러시아의 특수성을 인정할 때 정치적 빙하기를 헤쳐나갈 수 있다고 조언한다. 즉, 푸틴 혼자서 분쟁을 해결할 수도 없지만 푸틴 없이도 분쟁을 해결할 수 없으니까 말이다.

『적과의 대화』

我々はなぜ戦争をしたのか

히가시 다이사쿠

아무리 적이라도 대화가 필요해

"모든 창조는 만남의 결과물"이라고 갈파한 역사학자 아널드 토인비의 주장이 한반도에서 어떻게 입증될 것인지 궁금해지는 요즘이다. 역사적 남북정상회담의 성과가 이 글이 활자화되는 시점에서는 나오겠지만 아무튼 대화는 문제를 푸는 실마리임이 분명하다.

조금만 속내를 털어놨더라면 피할 수 있었던 최악의 전쟁 가운데 하나가 베트남전쟁이다. 그래서 전쟁을 치른 불구대천의 당사자들이 수십 년 만에 한자리에 모여 진솔한 대화를 나눴다. 왜 우리는 전쟁을 막거나 빨리 못 끝내고 수백만 명을 희생시켰을까. 일본 NHK방송의 제작자인 저자는 "기회를 놓쳤는가?^{Missed} $^{Opportunities?}$"라는 주제로 성사된 양측의 역사적 대좌를 취재하고 기록했다.

미국에서는 당대 최고의$^{best\,and\,brightest}$ 로버트 맥나마라 국방장관이 나왔고, 응우엔 고탁 외무장관이 파트너로 마주했다. 회고록에서 때늦은 후회와 반성을 표명한 맥나마라는 군사력 이외의 해결책을 경시한 역사적 과오를 반복하지 말자는 교훈을 미국이나 후대에 전해주고 싶었다고 한다. 베트남은 왜 만남을 수용했을까? 맥나마라 회고록에 사죄의 진정성이 담겨 있고 또한 미국과의 경제협력이 필요해서다.

대화는 네 가지 영역에 집중됐다. 전쟁의 목적이 무엇이고, 전쟁을 피할 구상은 왜 사라졌고, 미국이 전면전에 돌입한 까닭, 그리고 마지막으로 어떤 교훈을 얻을 수 있느냐는 것이다. 자신의 인생을 판가름한 숙적과 나란히 말을 섞는다는 의미는 감상을 넘어설 수밖에 없다. 그래서 이후에도 수차례 만난 양측은 『끝없는 논쟁

Argument Without End』이라는 책을 얻었다.

　회담 내내 상호 책임을 주장하는 미국의 양비론에 맞서 독재 정권을 군사적으로 지원한 원인 제공자가 누구냐는 베트남의 추궁이 매섭다. 무엇보다 강자의 "오만과 편견"이 오해를 키웠다. 실제 전쟁 책임자인 맥나마라조차 8년간의 국방장관 임기 내내 단 한 번도 베트남에 가지 않았다. 베트남인의 마음과 가치관을 이해하려는 생각은 전혀 없고, 오로지 미국의 잣대로만 정책을 구사한 것이다. 반면 베트남 군인의 배낭에는 헤밍웨이나 포크너와 같은 미국 소설가들의 책이 들어 있었다고 한다.

　하노이 대화를 마치고 미국 대표단을 만난 "붉은 나폴레옹" 보응우옌잡 장군은 이미 전쟁은 끝났고 미래를 응시하자고 강조한다. 우리에게도 베트남은 목에 걸린 가시다. 전직 대법관 김영란과 시민들은 모의법정에서 한국 정부가 국군의 베트남 민간인 학살에 대한 책임을 인정하고 배상금을 지급하라고 판결했다. 과거의 잘못에서 배워야 내일을 열어갈 텐데 갈 길이 멀다. 한 가지 유의할 역사적 교훈이 있다. 1968년 당시 대선을 앞둔 미국은 북폭 중단과 협상을 재개하지만 이에 놀란 닉슨 후보가 남베트남에 비밀특사를 보내 방해 공작에 나서면서 회담은 결렬된다. 닉슨은 워터게이트보다 더 큰 해악과 반역 행위를 저지른 셈이다. 사욕과 당리를 위해 국익도 내팽개치는 추잡한 정치꾼들을 추적하고 심판하는 여론은 아무리 시간이 흘러도 가동되어야 한다.

강상중

『고민하는 힘』

삶의 존재증명은 고민하는 것

"88만 원 세대"라는 신조어도 이제는 상투어다. 저임금 비정규직의 쳇바퀴에 빠진 청년들은 고달프다. 게다가 취직이라는 바늘구멍을 통과한 신입사원도 정신질환 이환율이 느는 등 청년들 모두가 크게 앓고 있다. 정말 "아프니까 환자"다. 이러다 보니 인생의 의미나 정체성과 같은 실존적 고민은 사치로 폄하된다.

그러나 고민은 삶에 굳은살을 박이게 해준다. 자이니치在日로서 사회 진출에 어려움을 겪었던 강상중 교수는 일본의 이방인이라는 고민을 심화시켜 정치철학자로 새 삶을 얻는다. 그는 호모 페이션스Homo patience(고민하는 인간)가 호모 파베르Homo faber(도구를 쓰는 인간)보다 더 고귀하다고 말하는데, 삶의 의미와 가치를 세워주는 것이 고민이기 때문이란다.

현재 우리가 겪는 고민의 근원을 근대에서 찾는 강상중은 나쓰메 소세키와 막스 베버를 통해 개인의 정체성, 돈, 구원, 일, 사랑 등 생애주기별로 대두하는 문제들을 탐색하면서 『고민하는 힘』을 썼다. 신경쇠약으로 고생했던 소세키와 정신병원에 입원하기도 했던 베버는 고민을 업적으로 승화시킨 인물들이다.

그러니까 고민은 천재의 전유물이라고 생각한다면 오산이다. 인생의 봄인 청년기에는 이유 없이 의문과 불안이 치솟는 시기가 반드시 온다. 내 자식만은 시행착오 없는 청춘을 보내게 하겠다는 맹렬 부모들이 많아진 요즘이지만, 삶의 자기결정권을 박탈당한 아이들은 과도한 성적 탐닉이나 가상공간으로 빠져든다. 고민이 없는 삶이나 상처를 피하려는 인간관계는 처음부터 애늙은이를 만들 수밖에 없다.

뭐니 뭐니 해도 청년들에게 가장 큰 고민은 취업이다. 정규직을 준다면 영혼마저 팔겠다는 20대에게 저자는 엉뚱하게 무엇을 위해 일을 하는지 묻는다. 일은 경제뿐만 아니라 삶 전체에 매우 중대하기 때문이다. 재산이 많든 적든 일을 해야 사회적 존재로, 다르게 말해서 어른으로 살아갈 수 있다. 어른은 무엇인가? 다른 사람을 배려하고 공감할 줄 아는 존재다.

무슨 일이 생겨도 울지 않겠다던 노숙자가 있었다. 임시로 청소 일거리를 얻고 비질을 하던 그에게 낯선 행인이 수고한다고 인사를 건넸다. 왈칵 눈물을 흘린 그는 사회로 복귀할 것 같다고 말한다. 이 에피소드를 소개하면서 저자는 일자리가 없는 개인은 사회 속에서 존재할 수 없게 되기에 존재할 권리를 인정받으려면 땀을 흘려야 한다고 주장한다. 우리 자신은 살아도 좋다는 느낌을 사회관계 속에서 굳힌다. 즉, 왜 일을 하는가 하는 질문은 개인의 차원을 넘어서 사회 공동체의 존속에 필수적이라는 답변으로 이어진다.

옛날 옛적부터 청년은 일자리를 가지면서 성년으로 태어났다. 그런데 "알바"와 "인턴"의 수레바퀴에 깔린 한국의 젊은이들은 어른으로 성장할 통과의례의 첫 단계조차 거부당하고 있다. 이들에게 고민을 말하기도 민망하지만, 저자의 말처럼 고민하는 것은 살아 있다는 증거이고 청춘의 고뇌는 반드시 도움이 될 것이라고 굳게 믿고 싶다.

08

『대본영의 참모들』

軍國的幕僚

위텐런

왜 일본군은 스스로 브레이크를 밟지 못했나

국군기무사령부가 "해편"의 진통을 겪고 있다. 방첩과 쿠데타 방지라는 본래 자리로 돌아가기 위해 이름도 바꾸고 정치 개입과 민간인 사찰도 금지된다. 민주공화국의 시민으로 행사한 촛불시위에 대해 계엄령 계획으로 맞선 것은 범죄 여부를 떠나 국민에 대한 배신이라는 것이 문재인 대통령의 지적이다.

군대란 무엇인가? 국가를 지키기 위해 다른 조직과 달리 중무장을 하고 군대 자체적으로 모든 활동이 완결되는 집단이다. 폐쇄적인 특성과 비상시에 대처해야 하는 역할이 맞물려서 어느 사회에서나 섬처럼 고립된 것이 군 조직이다. 명령에 살고 명령에 죽는 상명하복의 원리가 군대의 생명처럼 강조되는 배경이기도 하다. 그러니 기무사령관이나 부대장이 상관인 국방부장관을 국회에서 거짓말쟁이로 몰아붙이는 이른바 "하극상"을 TV로 보는 국민들은 벙벙할 수밖에 없다.

하지만 일본에서 활동하는 중국 출신 작가 위톈런의『대본영의 참모들』에는 엘리트 군인들의 항명과 반란이 가득하다. 대본영은 일본 군부의 컨트롤 타워이고 이를 움직인 핵심이 참모들이다. 1931년의 만주사변부터 1945년 패전한 태평양전쟁에 이르기까지 일본을 망국으로 인도한 주체 중의 주체다. 상부의 지시 없이 멋대로 무력을 사유화한 출발점은 중국의 동북왕 장쭤린을 암살한 황구툰 사건이다. 만주에 주둔한 일본 관동군 참모들은 본국의 지휘 없이 독단적으로 타국의 원수를 살해했지만 아무도 군법회의에 회부되지 않았고 심지어 조사조차 전무했다.

하극상의 하이라이트는 만주사변이다. 일본군 대좌급(현재의 대령급) 참모들은 자기네 관할이던 만주철도를 스스로 파괴하고, 이를 중국 측에 뒤집어씌워 침략전쟁을 개시했다. 그런데도 전쟁을 기획한 이시와라 간지는 일개 중좌에서 육군 서열 3위로 벼락출세했다. 사고를 치려면 오히려 크게 칠수록 대성한다는 교훈을 얻은 것일까. 엘리트 장교들의 머리에는 브레이크가 없고 오직 액셀러레이터만 존재했다.

1937년 대본영 참모 출신의 관동군 현지 부대장은 중국과의 전면전을 맘대로 일으킨다. 당시 루거우차오 사건蘆溝橋事件의 주역인 무타구치 렌야는 일본 패망의 단초를 제공했고 미얀마에서 부하 10만 명을 굶겨 죽였지만, 바로 그 이유로 연합국 승리에 일등공신이 되었기에 무사히 귀국한다.

전쟁을 출세의 도구로 활용하고 상관이나 사령부에 항명하는 것을 자랑스럽게 생각했던 대본영의 엘리트들은 동질감과 연대감이 너무 강해서 자신들의 잘못, 군의 과실을 결단코 인정하지 않으려고 했다. 결국 대본영 참모의 전형으로 총리와 6개 대신을 겸임한 도조 히데키가 결자해지의 대미를 장식한다. 침략전쟁의 책임을 물어 도쿄재판에서 교수형에 처해진 것이다.

지금도 일본에서는 자기만 옳다면서 상사를 욕하고 부하를 속이면서도 늘 실패만 일삼는 사람을 "대본영 참모"라고 부른다고 한다. 군인 중의 군인이라는 대본영 참모들의 일탈과 실패는 왜 군대에 문민통제가 필수적인지를 실감 나게 입증한다.

09

이헌모

『도쿄 30년,
일본 정치를 꿰뚫다』

정상 국가, 보통 국가를 꿈꾸는 일본의 셈법

한일 관계가 시끌시끌하다. 대법원이 일본 기업은 강제징용 피해자들에게 위자료를 배상해야 한다고 한 판결의 후폭풍 때문이다. 지리적으로는 일의대수一衣帶水, 옷의 띠처럼 좁은 해협 하나를 사이에 둔 이웃이지만, 역사심리적으로는 "너무 먼 그대"다. 아무리 일본이 마음에 안 들어도 화재가 나면 삽시간에 불이 옮겨붙는 숙명적 관계다. 일본의 동향을 예의 주시하고 사주경계에 철저할 수밖에 없다.

그런 측면에서 재일在日 정치학자 이헌모의 『도쿄30년, 일본 정치를 꿰뚫다』는 일급의 정세분석 보고서로 읽을 수 있다. 아예 부제로 "아베의 아름다운 일본은 있는가"를 달았는데 실제 아베는 얼마 전 자민당 총재 3연임에 성공하면서 총리직이 생긴 이래 최장수를 누리는 정치인이 될 것 같다. 이미 2007년 단명 수상으로 흘러갔던 아베가 어떻게 꽃길을 걷게 됐을까.

"롱런" 가도를 달리는 아베 정권은 전후체제를 탈피해서 근대 일본을 긍정하는 아름답고 정상적인 국가를 "재건"하기를 바란다. 그래서 해석개헌을 통해 집단적 자위권을 천명하고 자학사관에서 벗어나 일본의 근대 이후 전쟁들은 침략이 아니라 평화를 위한 전쟁이었다고 역사를 수정한다. 이 책은 통념과 다르게 일본 총리의 권한이 막강하다고 본다. 예산편성권과 법안제출권이 있고 의회해산권이 있다. 집권당의 총재로 정치자금을 분배하고 공천권과 인사권을 휘두른다. 결코 미국 대통령보다 파워가 덜하지 않다. 특히 국민을 대표하는 정통성이 의회와 대통령으로 이원화된 한국이나 미국과 달리 일본 총리는 의회와 관계가 좋으면 제한 없이 집권할 수 있다.

　그래서일까. 책을 읽다 보면, 현재 일본의 우경화는 정치가 주도하면서 가속화하고 있다는 인상을 굳히게 된다. "철의 트라이앵글"로 명명된 재계와 관료, 정치의 담합은 과두제oligarchy로 변질되고 있는데 여기에 언론까지 가세하면서 "우향우" 기류가 한층 거세지는 듯하다.

　"도련님"으로만 알려진 아베가 어떻게 최연소 총리가 됐고 낙마 이후에 다시 최장수 수상으로 변신했는지도 흥미로운 대목이다. 보스인 고이즈미 총리 덕택에 초고속 출세를 한 아베는 2002년 평양에서 열린 북일정상회담 이후 인기가 폭발한다. 납북 일본인 문제에 강경했던 아베로 인해 일본 사회는 전쟁 가해자에서 피해자로 신분이 바뀌는, 일종의 역사적 카타르시스를 경험하게 됐다는 것이다. 그러나 2014년 도쿄 도지사 선거에서 고이즈미와 아베는 서로 다른 후보를 미는 "사제" 대결을 펼친다. 청출어람 한 제자 아베의 승리로 끝났지만 아베는 북한과 사전 교섭할 정치인이 필요하다. 이념과 철학이 일맥상통하기 때문에 대북특사 고이즈미 카드는 둘 다에게 매력적이다.

　일본 역사상 세번째 헌법 개정을 하려는 아베 정권의 우편향은 한국이나 중국과 거센 충돌을 예고한다. 북한마저 공조와 협력의 "이웃"이 되려는 마당에 전쟁이 가능한 나라로 가려는 일본은 점점 멀어져가는 "타인"으로 변하지 않을까.

10

『마지막 계승자』

The Great Successor

애나 파이필드

북한의 생존 전략은 개방 없는 개혁

2019년 6월의 마지막 날, 판문점에서 웃음꽃이 피었다. 남북한과 미국의 정상이 한자리에서 담소를 주고받는 광경은 "리얼리티 쇼" 이상이었다. 초호화 배역들 중에서 단연 눈길을 끄는 존재는 북한의 지도자 김정은이다. "은둔자" 이미지의 선친 김정일과 달리 대중적이고 공개적인 이벤트를 마다하지 않는다. 그 결과 이른바 "위대한 수령"과 "친애하는 지도자"의 숙원이었던 미국 대통령과의 만남을 성사시켰다. 몇 달, 심지어 몇 주 내로 물러날 것이라던 악담은 온데간데없이 사라지고 여전히 "공화국"의 당과 군부, 그리고 인민을 빈틈없이 움켜쥐고 있다.

《워싱턴포스트》의 베이징 지국장 애나 파이필드는 3대 세습이라는 불가사의한 현상을 규명하려고 수차례 평양에 들어가고 8개국을 돌면서 "북한 난민" 등을 만났다. 싱가포르 북미정상회담 1주년과 겹쳐 나온 책의 제목은 『마지막 계승자』. 김정은이 권력자로 낙점받기까지의 후계 수업 과정, 권력자로서 벌인 공포정치와 이미지 통치, 그리고 트럼프와의 담판이 꼼꼼한 취재와 세세한 팩트로 구성되어 있다. 애초 김정은은 개혁과 개방의 리더가 되거나 지도자라는 직분을 감당하지 못하고 붕괴할 것이라는 극과 극의 평가를 받았다. 둘 다 틀렸다. 시리아의 알아사드나 사우디의 무함마드 빈 살만도 해외에서 공부하고 기대를 모았지만 별로 나아진 것은 없었다. 북한은 개혁도 아니고 붕괴도 아닌 어정쩡한 상태에서 경제의 자유는 조금 나아지는, 그래서 "개방 없는 개혁"으로 귀결될 공산이 높다. 개방은 정치적 안정성이라는 북한 체제의 최대 장점을 위협할 수밖에 없으니까 말이다.

지난해 작고한 김종필 총리의 지적처럼 북한 지도부는 역사적으로 위기관리 노하우를 축적하고 운용하는 능력이 상당하다. 사회주의 종주국인 소련이 역사 속으로 퇴장하고 무수한 독재자가 명멸했지만 "백두 혈통"은 여전히 건재하다. 게다가 김정은은 좋았던 시절인 조부의 이미지를 차용하면서 가까운 과거였던 아버지 시대와 차별화한다. 결정의 "무오류성"을 고집했던 김정일과 달리 부분적이나마 잘못도 시인하며 대중 연설도 거침없다. 바로 김일성의 복귀이자 재현이다.

보위에 등극한 초기에 칼을 휘둘러 엘리트층을 전전긍긍하게 만들고 국경 통제 강화로 대중에게 새로운 공포감을 심어준 것도 치밀한 전략가의 면모다. 선군정치로 군부에 쏠린 무게중심을 당으로 옮기고 시장 기능을 방관한 경제정책으로 생계에 숨통을 틔워준 것 또한 뚜렷한 목적의식을 가진 합리적 권력 행위다. 김정은은 인민의 두려움을 자아내는 통치자가 되라는 마키아벨리의 충실한 제자인 셈이다.

저자가 대륙과 대양을 횡단하며 수집한 증언과 분석한 정보의 결론도 기존의 주관적 기대와는 판이하다. 김정은이 북한 체제를 강력하게 통제하면서 권력기관을 완전하게 장악하고 있기에 단기적인 체제 붕괴는 물음표라는 것이다. 주체의 나라가 소련식 몰락도 아니고 중국적 개혁개방도 아닌 자기만의 길을 가는 것은 확실한 듯하다. 그 여정의 끝에 전쟁 대신 평화가, 고립 국가 아닌 정상 국가가 자리 잡기를 기대할 뿐이다.

11

『빅콘 게임』

The Big Con: The Story of the Confidence Man

데이비드 W. 모러

속고 또 속고, 속이고 또 속이고

대한민국은 사기 공화국이다. 매년 국민 100명 중 한 명이 당하고 피해액도 8조 원가량이다. 사기꾼들은 "숨 쉬는 것만 빼고 모두 거짓"이라고 할 만큼 속이고 또 속여서 탈탈 털어간다. 패가망신의 사례를 넘칠 만큼 접했으면서도 사람들은 왜 판판이 넘어가는가. 탐욕 때문이다. 사기꾼들은 "먹잇감"의 욕망을 자극하기만 하면 "게임 오버"라고 자신한다. 『빅콘 게임』은 사기꾼 세계의 귀족이라 불리는 신용사기꾼들의 세계를 옆에서 들려주듯이 생생하게 재현한 범죄 보고서다. 워낙 현실감이 넘치다 보니 할리우드에서 탐을 내서 영화《스팅》의 밑그림으로도 쓰였다.

저자에 따르면 사기는 "트라이앵글"이다. 뛰어난 지능, 견고한 조직, 느슨한 법망이 삼위일체로 굴러가지 않으면 성공할 수 없다. 진정한 사기꾼은 피해자와 법정에서 대면하면 안 된다. 병법에 싸우지 않고도 이기는 부전승不戰勝이 진정한 승리인 것처럼 말이다. 그래서 최고의 사기는 피해자 스스로 억울하지 않다고 생각하게 만드는 것이다. 사기의 공모자로 함께 끌어들이면 당하고도 하소연을 못 하게 된다. 속은 사실을 모르고 "불행 중 다행"이라고 착각한다면 그것 또한 나쁘지 않다.

돈벼락을 맞고 싶다는 욕심을 버리지 않는 한, 사기는 사라질 수 없다. 특히 부정한 방법으로 약간의 불로소득을 맛본 사람들은 "대박"을 꿈꾸며 있는 돈, 없는 돈을 다 투자해서 연기처럼 날려버린다. 이렇게 되로 주고 가마니로 받는 사기 수법이 신용사기다. "빅콘"은 피해자가 투자금을 갖고 오게 만드는 최고의 테크닉이고 "숏콘short con"은 지금 지닌 돈을 다 털어내는 일회용이다.

빅콘의 시작은 20세기다. 길거리의 야바위에 지친 사기꾼 벤 마크스는 가게를 차려서 "봉"을 유혹하기로 마음먹는다. 벤에게는 사소한 아이디어였지만 신용사기업에는 거대한 전환점이었다. 가게, 즉 스토어를 기본값으로 하는 다양한 사기술은 와이어, 페이오프, 래그의 현대식 신용사기로 진화한다. 와이어는 경마장의 경주 결과를 미리 빼내서 도박장에 통지되기 직전, 돈을 걸어서 "한탕" 하자고 꾀는 것이다. 《스팅》의 모티브가 되기도 한 페이오프의 핵심은 피해자인 봉의 자발성이다. 사기꾼이 제공한 돈맛을 보고 난 뒤 투자할 큰돈을 갖고 돌아오게 만드는 것이다. 래그는 페이오프의 원리를 주식에 응용한 것으로 "큰손"의 투자에 편승해서 이익을 얻고 싶은 심리를 공략하는 수법이다.

하지만 거물급 인사가 빅콘에 걸려들 경우 뒤탈이 나지 않을까. 그래서 나온 것이 "픽스fix"다. 경찰과 판사의 협조를 얻기 위해 뇌물을 제공하는 것이다. 안심하고 수뢰할 수 있도록 뇌물중개인이라는 신종 직업도 출현한다. 그럼에도 봉은 끊이지 않는다. 심지어 당하고도 다시 돌아와 또 뜯긴다. 세 살 먹은 애도 안 속겠다지만 대체로 봉은 머리가 좋다. 자신을 정직하다고 떠들어대는 사람도 먹음직스러운 봉이 될 수 있다. 그러니 끊임없이 성찰하고 반성하라! 횡재수를 바라지 않는 가난한 마음은 "주수도"나 "조희팔"이와도 요지부동이다.

12

『바벨탑 공화국』

강준만

국망國亡의 위기에 처한 조선을 건지는 길이 지방 살리기에 있다고 보고 『목민심서』를 지은 이가 정약용이다. 하지만 그도 아들에게 무조건 서울 근교를 벗어나지 말라는 가훈을 남겼다. 한양에서 몇십 리만 떨어져도 "암흑천지"라는 것이다. 19세기의 "웃픈" 현실이라고 넘어갈 수만은 없는 것이 작금의 대한민국이다. 지방이 죽어가고 있다는 말은 어제오늘의 이야기가 아니다. 그래서 역대 정권들은 한목소리로 지방분권을 천명했다.

여기에 이의를 제기하는 논객이 강준만 교수다. 우리 사회의 문제들을 다양한 스펙트럼에서 조명해온 그는 『바벨탑 공화국』에서 서울과 지방의 격차가 극심한 상황에서 지방분권은 일종의 "사기극"이라고 단정한다. 지역 균형발전이 전제되지 않은 지방분권은 속 빈 강정일 수밖에 없다. 무엇보다 중앙정부는 돈이 드는 것은 지방정부에 떠넘기고 돈이 되는 것은 손아귀에 움켜쥐려고 한다. 2000년대 초반 중앙 공무원들은 지방분권과 지방재정을 명분으로 복지사업 67개를 넘겨주고 담배소비세가 중심이 된 분권교부세를 만들었다. 결과는?

지방의 세수입은 연평균 8.7퍼센트로 "산술급수적" 증가인 반면 복지비는 연 18퍼센트라는 "기하급수적" 지출로 이어졌다. 명분은 중앙정부가 챙기고 부담은 지방정부가 떠안았다. 거꾸로 지방분권이 지역 격차를 악화시키는 독물이 될 수도 있는 것이다. 그런데 왜 지방은 서울에 공동으로 맞서지 못하는가. 바벨탑처럼 우뚝 솟은 서울을 향해 모두가 일렬종대로 줄을 서는 비교와 경쟁의 사회이기 때문이다. 갑을의 서열을 매기고 격차를 확인하는 데서 삶의 만족과 보람을 찾는 한국인들은 "서울 공화국"을 신앙처럼 되새긴다. 서울과 지방은 바벨탑의 저주처럼 서로 말이 통하지 않는 다른 국민들이 되어가고 있다. "특별시"는 정말 특별한 번영과 안녕을 무한히 누릴 수 있을까. 유감스럽게도(!) 서울과 지방은 운명 공동체다. 앞으로 20년 내로 전국 지방 도시의 30퍼센트가 현재 인구의 절반으로 떨어지게 된다. 사람이 줄었다고 도로, 수도, 통신망 등을 반으로 없앨 수는 없다. 이제부터 지방이 서울의 돈을 빨아들이는 블랙홀이 될 것이다. 지금의 착취와 수탈 관계가 영원할 수는 없다. 낡은 혁명론의 공식처럼 지방을 서울의 식민지로 보는 것은 너무 과하지 않은가. 아니다. 경제적 종속, 국가 엘리트의 독점, 소통 채널의 독점, 지방 엘리트의 탈영토화 등등 모든 부문의 지표에서 확인되듯이 식민지가 분명하다.

아무리 분단 상황에서 서울을 거점으로 정치적 역량을 집중할 필요성이 있다손 치더라도 문화와 대학 등 모든 분야가 집결할 것까지는 없는데도 말이다. 이런 초집중화가 사회 전반의 피라미드 구조를 한층 강화하고 한국인의 삶을 약육강식의 서바이벌 게임으로 전락시키고 있다. 게임에서는 단 한 사람의 승자만이 살아남을 수 있지만, 사회는 마지막 한 명이 되는 순간 공동체의 해체와 파멸을 맞는다. 그러니 단일한 위계질서를 강요하는 서울 중심주의를 깨뜨리고 다양한 가치와 개성이 숨 쉬는 지방자치를 강화해야 한다는 것이 저자의 지론이다. 바벨탑으로 상징되는 서열과 불통을 해소하지 못하면 21세기 대한민국도 19세기 조선의 경로를 다시 밟을 것임이 자명하다는 점에서 전적으로 동감한다.

정승민

서울대학교와 동 대학원에서 인류학과 인구학을 공부했으며 서강대학교에서 정치학 석사 학위를 받았다. 1995년 서울신문사 기자를 시작으로 기업과 연구소, 국회 등에서 일했으며, 신성대학교, 수원대학교, 한신대학교에서 초빙교수, 객원교수로 강의했다. 부산일보, 주간경향에 정기연재를 했고 현재 서울신문에 칼럼을 기고하고 있다. 독서 콘텐츠 "일당백"을 유튜브와 팟캐스트에서 진행중이다. 저서로 『우리 시대 고전 읽기』, 『역사가 부른 사람들, 역사를 일군 사람들』, 『한국사 특급 떡국열차』(공저) 등이 있다.

우리 시대 고전 읽기

개정판 1판 1쇄 찍음 2022년 5월 9일
개정판 1판 1쇄 펴냄 2022년 5월 16일
초판   1판 1쇄 펴냄 2020년 11월 18일
초판   1판 2쇄 펴냄 2020년 12월 31일

지은이   정승민
그린이   송아람
펴낸이   정성원 · 심민규
펴낸곳   도서출판 눌민

출판등록 2013. 2. 28 제25100-2017-000028호
주소   서울시 마포구 월드컵로10길 37, 서진빌딩 401호 (04003)
전화   (02) 332-2486   팩스 (02) 332-2487
이메일   nulminbooks@gmail.com
인스타그램·페이스북 nulminbooks

Text ⓒ 정승민 2020
Illustrations ⓒ 송아람 2020

Printed in Seoul, Korea

ISBN   979-11-87750-57-4 04900
        979-11-87750-55-0 04900 (세트)